ГОСПОДИН ИЗ САН-ФРАНЦИСКО

일러두기

Перевод осуществлен по изданию: И. А. Бунин. *Стихотворения. Рассказы. Повести. "Библиотека Всемирной литературы"*, М.: Художественная литература, 1973. С целью облегчить восприятие рассказа корейскими читателями, изучающими русский язык, текст адаптирован (в частности, некоторые устаревшие слова и обороты заменены более современными); длинные абзацы разбиты на более короткие; авторские сноски переработаны.

1. 번역 대본은 'И. А. Бунин. *Стихотворения. Рассказы. Повести. "Библиотека Всемирной литературы"*, М.: Художественная литература, 1973' 이다.

2. 이 책의 러시아어본은 현대에 잘 쓰이지 않는 단어가 현대 러시아어로 교체된 수정본이다. 또한 가독성을 높이기 위해 하나의 문단을 여러 개로 나누었으며 원전의 문단을 표시하기 위해 한 줄의 간격을 두었다.

3. 러시아어본에 있는 주석은 모두 저자의 것이다.

4. 한국어본은 원전에서 번역되었고, 주석은 모두 번역자의 것이다.

차 례

Господин из Сан-Франциско ◆ 005

샌프란시스코에서 온 신사 ◆ 053

이반 부닌의 생애와 작품세계 ◆ 095

단어 ◆ 105

ГОСПОДИН ИЗ САН-ФРАНЦИСКО

Иван Бунин

Горе тебе, Вавилон, город крепкий

– Апокалипсис

Господин из Сан-Франциско – имени его ни в Неаполе, ни на Капри никто не запомнил – ехал в Старый Свет на целых два года, с женой и дочерью, исключительно для развлечения.

Он был твёрдо уверен, что имеет полное право на отдых, на удовольствия, на путешествие во всех отношениях отличное. Для такой уверенности у него был тот довод, что, во-первых, он был богат, а во-вторых, только начинал жить, несмотря на свои пятьдесят восемь лет.

До этой поры он не жил, а лишь существовал, правда, очень неплохо, но всё же возлагая все надежды на будущее. Он работал не покладая рук, – китайцы, которых он нанимал на работу целыми тысячами, хорошо знали, что это значит! – и наконец увидел, что сделано уже много, что он почти сравнялся с теми, кого некогда взял себе за образец, и решил немного отдохнуть. Такие люди, как он, обычно начинали наслаждение жизнью с поездки в Европу, в Индию, в Египет. Решил и он поступить так же.

Конечно, он хотел вознаградить за годы труда прежде всего себя; однако рад был и за жену с дочерью. Жена его никогда не отличалась особой впечатлительностью, но ведь все пожилые американки страстные путешественницы. А дочери, девушке слегка болезненной и достигшей возраста, когда пора выходить замуж, путешествие было просто необходимо: не говоря уже о пользе для здоровья, разве не бывает в путешествиях счастливых встреч? Тут иногда сидишь за столом и рассматриваешь фрески рядом с миллиардером.

Маршрут был выработан господином из Сан-Франциско обширный. В декабре и январе он надеялся наслаждаться солнцем Южной Италии, памятниками древности, тарантеллой, серенадами бродячих певцов и тем, что люди в его годы чувствуют особенно тонко, — любовью молоденьких неаполитанок, пусть даже и не совсем бескорыстной.

Карнавал он думал провести в Ницце, в Монте-Карло, куда в эту пору стекается самое отборное общество, где одни с азартом предаются автомобильным и парусным гонкам, другие рулетке, третьи тому, что принято называть флиртом, а четвёртые — стрельбе в голубей, которые очень красиво взвиваются из садков над изумрудным газоном, на фоне моря цвета незабудок, и тотчас же стукаются белыми комочками о землю.

Начало марта он хотел посвятить Флоренции, к страстям господним приехать в Рим, чтобы слушать там Miserere[01]; входили в его планы и Венеция, и Париж, и бой быков в Севилье, и купание на английских островах, и Афины, и Константинополь, и Палестина, и Египет, и даже Япония, — разумеется, уже на обратном пути... И всё пошло сперва прекрасно.

Был конец ноября, до самого Гибралтара пришлось плыть то в ледяной мгле, то среди бури с мокрым снегом; но плыли вполне благополучно. Пассажиров было много, пароход — знаменитая «Атлантида» — был похож на громадный отель со всеми удобствами, — с ночным баром, с восточными банями, с собственной

---

01 «Смилуйся» (лат.) — католическая молитва.

газетой, — и жизнь на нём протекала очень размеренно: вставали рано, при трубных звуках, резко раздававшихся по коридорам еще в тот сумрачный час, когда так медленно и неприветливо светало над серо-зеленой водяной пустыней, тяжело волновавшейся в тумане.

Накинув фланелевые пижамы, пили кофе, шоколад, какао; затем садились в ванны, делали гимнастику, возбуждая аппетит и хорошее самочувствие, совершали дневные туалеты и шли к первому завтраку; до одиннадцати часов полагалось бодро гулять по палубам, дыша холодной свежестью океана, или играть в шаффлборд и другие игры для нового возбуждения аппетита, а в одиннадцать — подкрепляться бутербродами с бульоном; подкрепившись, с удовольствием читали газету и спокойно ждали второго завтрака, ещё более питательного и разнообразного, чем первый.

Следующие два часа посвящались отдыху; все палубы были заставлены тогда длинными камышовыми креслами, на которых путешественники лежали, укрывшись пледами, глядя на облачное небо и на пенистые бугры, мелькавшие за бортом, или сладко задрёмывая; в пятом часу их, освежённых и повеселевших, поили крепким душистым чаем с печеньем; в семь оповещали трубными сигналами о том, что составляло главнейшую цель всего этого существования, венец его... И тут господин из Сан-Франциско спешил в свою богатую кабину — одеваться.

По вечерам этажи «Атлантиды» зияли во мраке огненными несметными глазами, и великое множество слуг работало на кухнях и в винных подвалах. Океан, ходивший за стенами, был страшен, но о нём не думали, твёрдо веря во власть над ним капитана, рыжего человека чудовищной величины и грузности, всегда как бы сонного, похожего в своём мундире с широкими золотыми нашивками на огромного идола и очень редко появлявшегося на люди из своих таинственных помещений.

На баке поминутно взывала с адской мрачностью и взвизгивала с неистовой злобой, сирена, но немногие из обедающих слышали сирену – ее заглушали звуки прекрасного струнного оркестра, изысканно и неустанно игравшего в двухсветном зале, празднично залитом огнями, переполненном декольтированными дамами и мужчинами во фраках и смокингах, стройными лакеями и почтительными метрдотелями, среди которых один, тот, что принимал заказы только на вина, ходил даже с цепью на шее, как лорд-мэр.

Смокинг и крахмальная рубашка очень молодили господина из Сан-Франциско. Сухой, невысокий, плохо скроенный, но крепко сшитый, он сидел в золотисто-жемчужном сиянии этого чертога за бутылкой вина, за бокалами и бокальчиками тончайшего стекла, за кудрявым букетом гиацинтов. Нечто монгольское было в его желтоватом лице с подстриженными серебряными усами, золотыми пломбами блестели его крупные зубы, старой слоновой костью – крепкая лысая голова.

Богато, но по годам была одета его жена, женщина крупная, широкая и спокойная; сложно, но легко и прозрачно, с невинной откровенностью — дочь, высокая, тонкая, с великолепными волосами, прелестно убранными, с ароматным от фиалковых лепёшечек дыханием и с нежнейшими розовыми прыщиками возле губ и между лопаток, чуть припудренных...

Обед длился больше часа, а после обеда открывались в бальном зале танцы, во время которых мужчи-

ны, — в том числе, конечно, и господин из Сан-Франциско, — задрав ноги, до малиновой красноты лиц накуривались гаванскими сигарами и напивались ликёрами в баре, где служили негры в красных камзолах, с белками, похожими на облупленные крутые яйца.

Океан с гулом ходил за стеной чёрными горами, вьюга крепко свистала в отяжелевших снастях, пароход весь дрожал, одолевая и её, и эти горы, — точно плугом разваливая на стороны их зыбкие, то и дело вскипавшие и высоко взвивавшиеся пенистыми хвостами громады, — в смертной тоске стенала удушаемая туманом сирена, мёрзли от стужи и шалели от непосильного напряжения внимания вахтенные на своей вышке.

Мрачным и знойным недрам преисподней, её последнему, девятому кругу была подобна подводная утроба парохода, — та, где глухо гоготали исполинские топки, пожиравшие своими раскалёнными зевами груды каменного угля, с грохотом ввергаемого в них облитыми едким, грязным потом и по пояс голыми людьми, багровыми от пламени.

А тут, в баре, беззаботно закидывали ноги на ручки

кресел, цедили коньяк и ликеры, плавали в волнах пряного дыма, в танцевальном зале всё сияло и изливало свет, тепло и радость, пары то крутились в вальсах, то изгибались в танго — и музыка настойчиво, в сладостно-бесстыдной печали молила всё об одном, всё о том же...

Был среди этой блестящей толпы некий великий богач, бритый, длинный, в старомодном фраке, был знаменитый испанский писатель, была всемирно известная красавица, была изящная влюбленная пара, за которой все с любопытством следили и которая не скрывала своего счастья: он танцевал только с ней, и все выходило у них так тонко, очаровательно, что только один командир знал, что эта пара нанята Ллойдом играть в любовь за хорошие деньги и уже давно плавает то на одном, то на другом корабле.

В Гибралтаре всех обрадовало солнце, было похоже на раннюю весну; на борту «Атлантиды» появился новый пассажир, возбудивший к себе общий интерес, — наследный принц одного азиатского государства, путешествующий инкогнито, человек маленький, весь деревянный, широколицый, узкоглазый, в золотых очках, слегка неприятный — тем, что крупные усы сквозили у него как у мёртвого, в общем же милый, простой и скромный. В Средиземном море шла крупная и цветистая, как хвост павлина, волна, которую, при ярком блеске и совершенно чистом небе, развела весело и бешено летевшая навстречу трамонтана...

Потом, на вторые сутки, небо стало бледнеть, горизонт затуманился: близилась земля, показались Искья, Капри, в бинокль уже виден был кусками сахара насыпанный у подножия чего-то сизого Неаполь... Многие леди и джентльмены уже надели лёгкие, мехом вверх шубки; безответные, всегда шёпотом говорящие бои-китайцы, кривоногие подростки со смоляными косами до пят и с девичьими густыми ресницами, вытаскивали к лестницам пледы, трости, чемоданы, несессеры...

Дочь господина из Сан-Франциско стояла на палубе рядом с принцем, вчера вечером, по счастливой случайности, представленным ей, и делала вид, что пристально смотрит вдаль, куда он указывал ей, что-то объясняя, что-то торопливо и негромко рассказывая; он по росту казался среди других мальчиком, он был совсем не хорош собой и странен, — очки, котелок, английское пальто, а волосы редких усов точно конские, смуглая тонкая кожа на плоском лице точно натянута и как будто слегка лакирована, – но девушка слушала его и от волнения не понимала, что он ей говорит; сердце её билось от непонятного восторга перед ним: всё, всё в нём было не такое, как у прочих, – его сухие руки, его чистая кожа, под которой текла древняя царская кровь; даже его европейская, совсем простая, но как будто особенно опрятная одежда таили в себе неизъяснимое очарование.

А сам господин из Сан-Франциско, в серых гетрах на ботинках, всё поглядывал на стоявшую возле него знаменитую красавицу, высокую, удивительного сложения блондинку с разрисованными по последней парижской моде глазами, державшую на серебряной цепочке крохотную, гнутую, облезлую собачку и всё разговаривавшую с нею. И дочь, в какой-то смутной неловкости, старалась не замечать его.

Он был довольно щедр в пути и потому вполне верил в заботливость всех тех, что кормили и поили его, с утра до вечера служили ему, предупреждая его малейшее желание, охраняли его чистоту и покой, таскали его вещи, звали для него носильщиков, доставляли его сундуки в гостиницы. Так было всюду, так было в плавании, так должно было быть и в Неаполе.

Неаполь рос и приближался; музыканты, блестя медью духовых инструментов, уже столпились на палубе и вдруг оглушили всех торжествующими звуками марша, гигант-капитан, в парадной форме, появился на своём мостике и, как милостивый языческий бог, приветственно помахал рукой пассажирам.

А когда «Атлантида» вошла наконец в гавань, привалила к набережной своей многоэтажной громадой, усеянной людьми, и загрохотали сходни, — сколько портье и их помощников в картузах с золотыми галунами, сколько всяких комиссионеров, свистунов мальчишек и здоровенных оборванцев с пачками цветных открыток в руках кинулось к нему навстречу с предложением услуг! И он ухмылялся этим оборванцам, идя к автомобилю того самого отеля, где мог остановиться и принц, и спокойно говорил сквозь зубы то по-английски, то по-итальянски: — *Go away!*[02] *Via!*[03]

---

[02] Прочь! (англ.)
[03] Прочь! (итал.)

Жизнь в Неаполе тотчас же потекла по заведенному порядку: рано утром — завтрак в сумрачной столовой, облачное, мало обещающее небо и толпа гидов у дверей вестибюля; потом первые улыбки тёплого розового солнца, вид с высоко висящего балкона на Везувий, до подножия окутанный сияющими утренними парами, на серебристо-жемчужную рябь залива и тонкий очерк Капри на горизонте, на бегущих внизу, по набережной, крохотных осликов в двуколках и на отряды мелких солдатиков, шагающих куда-то с бодрой и вызывающей музыкой.

Потом — выход к автомобилю и медленное движение по людным узким и сырым коридорам улиц, среди высоких, многооконных домов, осмотр мертвенно-чистых и ровно, приятно, но скучно, точно снегом, освещенных музеев или холодных, пахнущих воском церквей, в которых повсюду одно и то же: величавый вход, закрытый тяжёлой кожаной завесой, а внутри — огромная пустота, молчание, тихие огоньки семисвечника, краснеющие в глубине на престоле, убранном кружевами, одинокая старуха среди тёмных деревянных парт, скользкие гробовые плиты под ногами и чьё-нибудь «Снятие с креста», непременно знаменитое.

В час – второй завтрак на горе Сан-Мартино, куда съезжается к полудню немало людей самого первого сорта и где однажды дочери господина из Сан-Франциско чуть не стало плохо: ей показалось, что в зале сидит принц, хотя она уже знала из газет, что он в Риме.

В пять – чай в отеле, в нарядном салоне, где так тепло от ковров и пылающих каминов; а потом снова приготовления к обеду – снова мощный, властный гул гонга по всем этажам, снова вереницы шуршащих по лестницам шелками и отражающихся в зеркалах декольтированных дам, снова широко и гостеприимно открытый чертог столовой, и красные куртки музыкантов на эстраде, и чёрная толпа лакеев возле метрдотеля, с необыкновенным мастерством разливающего по тарелкам густой розовый суп… Обеды опять были так обильны и кушаньями, и винами, и минеральными водами, и сладостями, и фруктами, что к одиннадцати часам вечера по всем номерам разносили горничные каучуковые пузыри с горячей водой для согревания желудков.

Однако декабрь «выдался» не совсем удачный:

портье, когда с ними говорили о погоде, только виновато поднимали плечи, бормоча, что такого года они и не припомнят, хотя уже не первый год приходилось им бормотать это и ссылаться на то, что всюду происходит что-то ужасное: на Ривьере небывалые ливни и бури, в Афинах снег, Этна тоже вся занесена и по ночам светит, из Палермо туристы, спасаясь от стужи, разбегаются...

Утреннее солнце каждый день обманывало: с полудня неизменно серело и начинал моросить дождь да всё гуще и холоднее; тогда пальмы у подъезда отеля блестели жестью, город казался особенно грязным и тесным, музеи чересчур однообразными, сигарные окурки толстяков-извозчиков в резиновых, крыльями развевающихся по ветру накидках – нестерпимо вонючими, энергичное хлопанье их бичей над тонкошеими клячами явно фальшивым, обувь синьоров, разметающих трамвайные рельсы, ужасной, а женщины, шлепающие по грязи, под дождём с чёрными раскрытыми головами, – безобразно коротконогими; про сырость же и вонь гнилой рыбой от пенящегося у набережной моря и говорить нечего.

Господин и госпожа из Сан-Франциско стали по

утрам ссориться; дочь их то ходила бледная, с головной болью, то оживала, всем восхищалась и была тогда и мила, и прекрасна: прекрасны были те нежные, сложные чувства, что пробудила в ней встреча с некрасивым человеком, в котором текла необычная кровь, ибо ведь, в конце концов, и не важно, что именно пробуждает девичью душу, – деньги ли, слава ли, знатность ли рода…

Все уверяли, что совсем не то в Сорренто, на Капри – там и теплей, и солнечней, и лимоны цветут, и нравы честнее, и вино натуральней. И вот семья из

Сан-Франциско решила отправиться со всеми своими сундуками на Капри, с тем, чтобы, осмотрев его, походив по камням на месте дворцов Тиберия, побывав в сказочных пещерах Лазурного Грота и послушав абруццких волынщиков, целый месяц бродящих перед Рождеством по острову и поющих хвалы деве Марии, поселиться в Сорренто.

В день отъезда, — очень памятный для семьи из Сан-Франциско! — даже и с утра не было солнца. Тяжёлый туман до самого основания скрывал Везувий, низко серел над свинцовой зыбью моря. Острова Капри совсем не было видно — будто его никогда и не существовало на свете. И маленький пароходик, направившийся к нему, так валяло со стороны на сторону, что семья из Сан-Франциско пластом лежала на диванах в жалкой кают-компании этого пароходика, закутав ноги пледами и закрыв от тошноты глаза.

Миссис страдала, как она думала, больше всех: несколько раз её вырвало, ей казалось, что она умирает, а горничная, прибегавшая к ней с тазиком, — уже многие годы изо дня в день качавшаяся на этих волнах и в зной и в стужу и все-таки неутомимая, — только смеялась. Мисс была ужасно бледна и держала в зубах ломтик лимона. Мистер, лежавший на спине, в широком пальто и большом картузе, не разжимал челюстей всю дорогу; лицо его стало тёмным, усы белыми, сильно болела голова: последние дни, благодаря плохой погоде, он пил по вечерам слишком много и слишком много любовался «живыми картинами» в некоторых притонах.

А дождь сёк в дребезжащие стёкла, на диваны с них текло, ветер с воем ломил в мачты и порою, вместе с налетавшей волной, клал пароходик совсем набок, и тогда с грохотом катилось что-то внизу.

На остановках, в Кастелламаре, в Сорренто, было немного легче; но и тут качало страшно, берег со всеми своими обрывами, садами, соснами, розовыми и белыми отелями, и дымными, курчаво-зелёными горами летал за окном вниз и вверх, как на качелях; в стены стукались лодки, сырой ветер дул в двери, и, ни на минуту не смолкая, пронзительно вопил с качавшейся барки под флагом гостиницы «Royal» картавый мальчишка, заманивавший путешественников.

И господин из Сан-Франциско, чувствуя себя так, как и подобало ему, — совсем стариком, — уже с то-

ской и злобой думал обо всех этих жадных, воняющих чесноком людишках, называемых итальянцами; однажды во время остановки, открыв глаза и приподнявшись с дивана, он увидел под скалистым отвесом кучу таких жалких, насквозь проплесневевших каменных домишек, налепленных друг на друга у самой воды, возле лодок, возле каких-то тряпок, жестянок и коричневых сетей, что, вспомнив, что это и есть подлинная Италия, которой он приехал наслаждаться, почувствовал отчаяние…

Наконец, уже в сумерках, стал надвигаться своей чернотой остров, точно насквозь просверленный у подножья красными огоньками, ветер стал мягче, теплее, ароматнее, по смиряющимся волнам, переливавшимся, как чёрное масло, потекли золотые удавы от фонарей пристани...

Потом вдруг загремел и шлёпнулся в воду якорь, наперебой понеслись отовсюду яростные крики лодочников — и сразу стало на душе легче, ярче засияла кают-компания, захотелось есть, пить, курить, двигаться...

Через десять минут семья из Сан-Франциско сошла в большую барку, через пятнадцать ступила на камни набережной, а затем села в светлый вагончик и с жужжанием потянулась вверх по откосу, среди кольев на виноградниках, полуразвалившихся каменных оград и мокрых, корявых, прикрытых кое-где соломенными навесами апельсинных деревьев, с блеском оранжевых плодов и толстой глянцевитой листвы скользивших вниз, под гору, мимо открытых окон вагончика... Сладко пахнет в Италии земля после дождя, и свой, особый запах есть у каждого её острова!

Остров Капри был сыр и тёмен в этот вечер. Но тут он на минуту ожил, кое-где осветился. На верху горы, на площадке фуникулёра, уже опять стояла толпа тех, в чьи обязанности входило достойно принять господина из Сан-Франциско. Были и другие приезжие, но не заслуживающие внимания, — несколько русских, поселившихся на Капри, неряшливых и рассеянных, в очках, с бородами, с поднятыми воротниками стареньких пальтишек, и компания длинноногих, круглоголовых немецких юношей в тирольских костюмах и с холщовыми сумками за плечами, не нуждающихся ни в чьих услугах и совсем не щедрых на траты.

Господин из Сан-Франциско, спокойно сторонившийся и тех, и других, был сразу замечен. Ему и его дамам торопливо помогли выйти, перед ним побежали вперёд, указывая дорогу, его снова окружили мальчишки и те крепкие каприйские бабы, что носят на головах чемоданы и сундуки состоятельных туристов.

Застучали по маленькой, как будто оперной площади, над которой качался от влажного ветра электрический шар, их деревянные ножные скамеечки, по-птичьему засвистала и закувыркалась через голову орава мальчишек — и как по сцене пошёл среди них господин из Сан-Франциско к какой-то средневековой арке под слитыми в одно домами, за которой покато вела к сияющему впереди подъезду отеля звонкая улочка с вихром пальмы над плоскими крышами налево и синими звёздами на чёрном небе вверху, впереди.

И всё было похоже на то, что это в честь гостей из Сан-Франциско ожил каменный сырой городок на скалистом островке в Средиземном море, что это они сделали таким счастливым и радушным хозяина отеля, что только их ждал китайский гонг, завывавший по всем этажам сбор к обеду, едва вступили они в вестибюль.

Вежливо и изысканно поклонившийся хозяин, исключительно элегантный молодой человек, встретивший их, на мгновение поразил господина из Сан-Франциско: он вдруг вспомнил, что нынче ночью, среди прочей путаницы, осаждавшей его во сне, он видел именно этого джентльмена, точь-в-точь такого же, как этот, в той же визитке и с той же зеркально причёсанной головой. Удивлённый, он даже чуть было не приостановился. Но как в душе его уже давным-давно не осталось ни даже горчичного семени каких-либо так называемых мистических чувств, то сейчас же и померкло его удивление: шутя сказал он об этом странном совпадении сна и действительности жене и дочери, проходя по коридору отеля. Дочь, однако, с тревогой взглянула на него в эту минуту: сердце её вдруг сжала тоска, чувство страшного одиночества на этом чужом, тёмном острове...

Только что отбыла гостившая на Капри высокая особа – Рейс XVII. И гостям из Сан-Франциско отвели те самые апартаменты, что занимал он. К ним приставили самую красивую и умелую горничную, бельгийку, с тонкой и твёрдой от корсета талией и в крахмальном чепчике в виде маленькой зубчатой короны, и самого видного из лакеев, угольно-чёрного, огнеглазого сицилийца, и самого расторопного коридорного, маленького и полного Луиджи, много переменившего подобных мест на своём веку.

А через минуту в дверь комнаты господина из Сан-Франциско легонько стукнул француз-метрдотель, явившийся, чтобы узнать, будут ли господа приезжие обедать, и в случае утвердительного ответа, в котором, впрочем, не было сомнения, доложить, что сегодня лангуст, ростбиф, спаржа, фазаны и так далее. Пол ещё ходил под господином из Сан-Франциско, — так закачал его этот дрянной итальянский пароходишко, — но он не спеша, собственноручно, хотя с непривычки и не совсем ловко, закрыл хлопнувшее при входе метрдотеля окно, из которого пахнуло запахом дальней кухни и мокрых цветов в саду, и с неторопливой отчётливостью ответил, что обедать они будут, что столик для них должен быть поставлен подальше от дверей, в самой глубине залы, что пить они будут вино местное, и каждому его слову метрдотель поддакивал в самых разнообразных интонациях, имевших, однако, только тот смысл, что нет и не может быть сомнения в правоте желаний господина из Сан-Франциско и что всё будет исполнено в точности. Напоследок он склонил голову и деликатно спросил:

— Всё, сэр?

И, получив в ответ медлительное «*yes*»[04], прибавил, что сегодня у них в вестибюле тарантелла — танцуют Кармелла и Джузеппе, известные всей Италии и «всему миру туристов».

— Я видел её на открытках, — сказал господин из Сан-Франциско ничего не выражающим голосом. — А этот Джузеппе — ее муж?

---

04 Да (англ).

– Двоюродный брат, сэр, – ответил метрдотель.

И, помедлив, что-то подумав, но ничего не сказав, господин из Сан-Франциско отпустил его кивком головы.

А затем он снова стал точно к венчанию готовиться: повсюду зажёг электричество, наполнил все зеркала отражением света и блеска, мебели и раскрытых сундуков, стал бриться, мыться и ежеминутно звонить, в то время как по всему коридору неслись и перебивали его другие нетерпеливые звонки – из комнат его жены и дочери.

И Луиджи, в своем красном переднике, с легкостью, свойственной многим толстякам, делая гримасы ужаса, до слёз смешивший горничных, пробегавших мимо с эмалированными вёдрами в руках, кубарем катился на звонок и, стукнув в дверь костяшками, с притворной робостью, с доведенной до идиотизма почтительностью спрашивал:

– *Ha sonato, signore?* [05]

И из-за двери слышался неспешный и скрипучий, обидно вежливый голос:

---

05 Вы звонили, синьор? (итал.)

— *Yes, come in...*[06]

Что чувствовал, что думал господин из Сан-Франциско в этот столь знаменательный для него вечер? Он, как всякий испытавший качку, только очень хотел есть, с наслаждением мечтал о первой ложке супа, о первом глотке вина и совершал привычное дело туалета даже в некотором возбуждении, не оставлявшем времени для чувств и размышлений.

Побрившись, вымывшись, умело вставив несколько зубов, он, стоя перед зеркалами, смочил и прибрал щётками в серебряной оправе остатки жемчужных волос вокруг смугло-жёлтого черепа, натянул на крепкое старческое тело с полнеющей от усиленного питания талией кремовое шёлковое трико, а на сухие ноги с плоскими ступнями — чёрные шёлковые носки и бальные туфли, приседая, привел в порядок высоко подтянутые шелковыми помочами чёрные брюки и белоснежную, с выпятившейся грудью рубашку, вправил в блестящие манжеты запонки и стал мучиться с ловлей под твердым воротничком запонки шейной. Пол ещё качался под ним, кончикам пальцев было

---

[06] Да, входите... (англ.)

очень больно, запонка порой крепко кусала дряблую кожу в углублении под кадыком, но он был настойчив и наконец, с сияющими от напряжения глазами, весь сизый от сдавившего ему горло, не в меру тугого воротничка, таки доделал дело – и в изнеможении присел перед трюмо, весь отражаясь в нём и повторяясь в других зеркалах.

– О, это ужасно! – пробормотал он, опуская крепкую лысую голову и не стараясь понять, не думая, что именно ужасно; потом привычно и внимательно оглядел свои короткие, с подагрическими затвердениями в суставах пальцы, их крупные и выпуклые ногти миндального цвета и повторил с убеждением: – Это ужасно...

Но тут зычно, точно в языческом храме, загудел по всему дому второй гонг. И, поспешно встав с места, господин из Сан-Франциско ещё больше стянул воротничок галстуком, а живот открытым жилетом, надел смокинг, выправил манжеты, ещё раз оглядел себя в зеркале... Эта Кармелла, смуглая, с наигранными глазами, похожая на мулатку, в цветистом наряде, где преобладает оранжевый цвет, пляшет, наверное, необыкновенно, подумал он. И, бодро выйдя из своей комнаты и подойдя по ковру к соседней, жениной, громко спросил, скоро ли они?

— Через пять минут! — звонко и уже весело отозвался из-за двери девичий голос.

— Отлично, — сказал господин из Сан-Франциско.

И не спеша пошёл по коридорам и по лестницам, устланным красными коврами, вниз, отыскивая читальню. Встречные слуги жались от него к стене, а он шёл, как бы не замечая их. Запоздавшая к обеду старуха, уже сутулая, с молочными волосами, но декольтированная, в светло-сером шёлковом платье, спешила впереди него изо всех сил, но смешно, по-куриному, и он легко обогнал её.

Возле стеклянных дверей столовой, где уже все были в сборе и начали есть, он остановился перед столиком, загромождённым коробками сигар и египетских папирос, взял большую сигару и кинул на столик три лиры; на зимней веранде мимоходом глянул в открытое окно: из темноты повеяло на него нежным воздухом, видна была верхушка старой пальмы, раскинувшая по звёздам свои ветви, казавшиеся гигантскими,

донесся отдалённый ровный шум моря...

В читальне, уютной, тихой и светлой только над столами, стоя шуршал газетами какой-то седой немец, похожий на Ибсена, в серебряных круглых очках и с сумасшедшими, изумленными глазами. Холодно осмотрев его, господин из Сан-Франциско сел в глубокое кожаное кресло в углу, возле лампы под зелёным колпаком, надел пенсне и, дернув головой от душившего его воротничка, весь закрылся газетным листом. Он быстро пробежал заглавия некоторых статей, прочёл несколько строк о никогда не прекращающейся балканской войне, привычным жестом перевернул газету, – как вдруг строчки вспыхнули перед ним стеклянным блеском, шея его напряглась, глаза выпучились, пенсне слетело с носа...

Он рванулся вперед, хотел глотнуть воздуха – и дико захрипел; нижняя челюсть его отпала, осветив весь рот золотом пломб, голова завалилась на плечо и замоталась, грудь рубашки выпятилась коробом – и все тело, извиваясь, задирая ковер каблуками, поползло на пол, отчаянно борясь с кем-то.

Не будь в читальне немца, быстро и ловко сумели бы в гостинице замять это ужасное происшествие, мгновенно, задними ходами, умчали бы за ноги и за голову господина из Сан-Франциско куда подальше – и никто из гостей не узнал бы, что натворил он. Но немец вырвался из читальни с криком, он всполошил весь дом, всю столовую. И многие вскакивали из-за еды, многие, бледнея, бежали к читальне, на всех языках раздавалось: «Что, что случилось?» — и никто не отвечал толком, никто не понимал ничего, так как люди и до сих пор ещё больше всего удивляются и ни за что не хотят верить смерти. Хозяин метался от одного гостя к другому, пытаясь задержать бегущих и успокоить их поспешными заверениями, что это так, пустяк, маленький обморок с одним господином из Сан-Франциско...

Но никто его не слушал, многие видели, как лакеи и коридорные срывали с этого господина галстук, жилет, измятый смокинг и даже зачем-то бальные башмаки с черных шёлковых ног с плоскими ступнями. А он ещё бился. Он настойчиво боролся со смертью, ни за что не хотел поддаваться ей, так неожиданно и грубо навалившейся на него. Он мотал головой, хрипел, как зарезанный, закатил глаза, как пьяный...

Когда его торопливо внесли и положили на кровать в сорок третий номер, — самый маленький, самый плохой, самый сырой и холодный, в конце нижнего коридора, — прибежала его дочь, с распущенными волосами, с обнажённой грудью, поднятой корсетом, потом большая и уже совсем наряженная к обеду жена, у которой рот был круглый от ужаса... Но тут он уже и головой перестал мотать.

Через четверть часа в отеле всё кое-как пришло в порядок. Но вечер был непоправимо испорчен. Некоторые, возвратясь в столовую, дообедали, но молча, с обиженными лицами, а тем временем хозяин подходил то к тому, то к другому, в бессильном и приличном раздражении пожимая плечами, чувствуя себя без вины виноватым, всех уверяя, что он отлично понимает, «как это неприятно», и давая слово, что он примет «все зависящие от него меры» к устранению неприятности; тарантеллу пришлось отменить, лишнее электричество потушили, большинство гостей ушло в город, в пивную, и стало так тихо, что чётко слышался стук часов в вестибюле, где только один попугай деревянно бормотал что-то, возясь перед сном в своей клетке, ухитряясь заснуть с нелепо задранной на верхний шесток лапой…

Господин из Сан-Франциско лежал на дешёвой железной кровати, под грубыми шерстяными одеялами, на которые с потолка тускло светила одна лампочка. Пузырь со льдом свисал на его мокрый и холодный лоб. Сизое, уже мёртвое лицо постепенно стыло, хриплое клокотанье, вырывавшееся из открытого рта, освещённого отблеском золота, слабело. Это хрипел уже не господин из Сан-Франциско, – его больше не было, – а кто-то другой. Жена, дочь, доктор, прислуга стояли и глядели на него. Вдруг то, чего они ждали и боялись, совершилось – хрип оборвался. И медленно, медленно, на глазах у всех, потекла бледность по лицу умершего, и черты его стали утончаться, светлеть...

Вошёл хозяин. «*Già é morto*»[07], – сказал ему шёпотом доктор. Хозяин с бесстрастным лицом пожал плечами. Миссис, у которой тихо катились по щекам слёзы, подошла к нему и робко сказала, что теперь надо перенести покойного в его комнату.

– О нет, мадам, – поспешно, корректно, но уже без всякой любезности и не по-английски, а по-французски возразил хозяин, которому совсем не интересны были те пустяки, что могли оставить теперь в его кассе приехавшие из Сан-Франциско.

– Это совершенно невозможно, мадам, – сказал он и прибавил в пояснение, что он очень ценит эти апартаменты, что если бы он исполнил её желание, то все-

---

07 Уже умер (итал.)

му Капри стало бы известно об этом и туристы начали бы избегать их.

Мисс, всё время странно смотревшая на него, села на стул и, зажав рот платком, зарыдала. У миссис слёзы сразу высохли, лицо вспыхнуло. Она подняла тон, стала требовать, говоря на своём языке и всё ещё не веря, что уважение к ним окончательно потеряно. Хозяин с вежливым достоинством осадил её: если мадам не нравятся порядки отеля, он не смеет её задерживать; и твердо заявил, что тело должно быть вывезено сегодня же на рассвете, что в полицию уже сообщили, что представитель её сейчас явится и исполнит необходимые формальности…

Можно ли достать на Капри хотя бы простой готовый гроб, спрашивает мадам? К сожалению, нет, ни в коем случае, а сделать никто не успеет. Придётся поступить как-нибудь иначе… Содовую английскую воду, например, он получает в больших и длинных ящиках… перегородки из такого ящика можно вынуть…

Ночью весь отель спал. Открыли окно в сорок третьем номере, — оно выходило в угол сада, где под высокой каменной стеной, утыканной по гребню битым стеклом, рос чахлый банан, – потушили электричество, заперли дверь на ключ и ушли. Мёртвый остался в темноте, синие звезды глядели на него с неба, сверчок с грустной беззаботностью запел на стене...

В тускло освещённом коридоре сидели на подоконнике две горничные, что-то штопали. Вошёл Луиджи с кучей одежды на руке, в туфлях.

– *Pronto?* [08] – озабоченно спросил он звонким шёпотом, указывая глазами на страшную дверь в конце коридора. И легонько помотал свободной рукой в ту сторону.

– *Partenza!* [09] – шёпотом крикнул он, как бы провожая поезд, то, что обычно кричат в Италии на станциях при отправлении поездов, – и горничные, давясь беззвучным смехом, упали головами на плечи друг другу.

Потом он, мягко подпрыгивая, подбежал к самой двери, чуть стукнул в неё и, склонив голову набок, вполголоса почтительнейше спросил:

– *Ià sonato, signore?* [10]

---

08 Готово?
09 Отправление! (итал.)
10 Вы звонили, синьор? (итал.)

И, сдавив горло, выдвинув нижнюю челюсть, скрипуче, медлительно и печально ответил сам себе, как бы из-за двери:

– *Yes, come in...*[11]

А на рассвете, когда побелело за окном сорок третьего номера и влажный ветер зашуршал рваной листвой банана, когда поднялось и раскинулось над островом Капри голубое утреннее небо и озолотилась против солнца, восходящего за далёкими синими горами Италии, чистая и чёткая вершина Монте-Соляро, когда пошли на работу каменщики, поправлявшие на острове тропинки для туристов, – принесли к сорок третьему номеру длинный ящик из-под содовой воды. Вскоре он стал очень тяжёл – и сильно давил колени младшего портье, который быстро повёз его на одноконном извозчике по белому шоссе, взад и вперед извивавшемуся по склонам Капри, среди каменных оград и виноградников, всё вниз и вниз, до самого моря.

Извозчик, хилый человечек с красными глазами, в старом пиджачке с короткими рукавами и в сбитых башмаках, был с похмелья, – целую ночь играл в ко-

---

11 Да, входите... (англ.)

сти в пивной, — и всё хлестал свою крепкую лошадку, по-сицилийски разряженную, спешно громыхающую всяческими бубенцами на уздечке в цветных шерстяных помпонах и на остриях высокой медной седёлки, с аршинным, трясущимся на бегу птичьим пером, торчащим из подстриженной чёлки.

Извозчик молчал, был подавлен своей беспутностью, своими пороками, — тем, что проиграл все свои деньги ночью. Но утро было свежее, на таком воздухе, среди моря, под утренним небом, хмель быстро улетучивается и быстро возвращается беззаботность к человеку, да утешал извозчика и тот неожиданный заработок, что дал ему какой-то господин из Сан-Франциско, мотавший своей мёртвой головой в ящике за его спиною…

Пароходик, жуком лежавший далеко внизу, на нежной и яркой синеве, которой так густо и полно налит Неаполитанский залив, уже давал последние гудки — и они бодро отзывались по всему острову, каждый изгиб которого, каждый гребень, каждый камень был так явственно виден отовсюду, точно воздуха совсем не было.

Возле пристани младшего портье догнал старший,

мчавший в автомобиле мисс и миссис, бледных, с провалившимися от слёз и бессонной ночи глазами. И через десять минут пароходик снова зашумел водой и снова побежал к Сорренто, к Кастелламаре, навсегда увозя от Капри семью из Сан-Франциско... И на острове снова водворились мир и покой.

На этом острове две тысячи лет тому назад жил человек, несказанно мерзкий в удовлетворении своей похоти и почему-то имевший власть над миллионами людей, наделавший над ними жестокостей сверх всякой меры, и человечество навеки запомнило его, и многие, многие со всего света съезжаются посмотреть на остатки того каменного дома, где жил он на одном из самых крутых подъёмов острова.

В это чудесное утро все, приехавшие на Капри именно с этой целью, ещё спали по гостиницам, хотя к подъездам гостиниц уже вели маленьких серых осликов под красными сёдлами, на которые опять должны были нынче, проснувшись и наевшись, взгромоздиться молодые и старые американцы и американки, немцы и немки и за которыми опять должны были бежать по каменистым тропинкам, и всё в гору, вплоть до самой вершины Монте-Тиберио, нищие каприйские старухи с палками в жилистых руках, чтобы подгонять этими палками осликов.

Успокоенные тем, что мёртвого старика из Сан-Франциско, тоже собиравшегося ехать с ними, но вместо того только напугавшего их напоминанием о смерти, уже отправили в Неаполь, путешественники спали крепким сном, и на острове было ещё тихо, магазины в городе были ещё закрыты. Торговал только рынок на маленькой площади – рыбой и зеленью, и были на нём только простые люди, среди которых, как всегда, без всякого дела, стоял Лоренцо, высокий старик-лодочник, беззаботный гуляка и красавец, знаменитый по всей Италии, не раз служивший моделью многим живописцам: он принёс и уже продал за бесценок двух пойманных им ночью омаров, шуршавших в переднике повара того самого отеля, где ночевала семья из Сан-Франциско, и теперь мог спокойно стоять хоть до вечера, с царственной повадкой поглядывая вокруг, рисуясь своими лохмотьями, глиняной трубкой и красным шерстяным беретом, спущенным на одно ухо.

А по обрывам Монте-Соляро, по древней финикий-

ской дороге, вырубленной в скалах, по её каменным ступенькам, спускались от Анакапри два абруццких горца. У одного под кожаным плащом была волынка, — большой козий мех с двумя дудками, у другого — нечто вроде деревянной цевницы. Шли они — и целая страна, радостная, прекрасная, солнечная, простиралась под ними: и каменистые горбы острова, который почти весь лежал у их ног, и та сказочная синева, в которой плавал он, и сияющие утренние пары над морем к востоку, под ослепительным солнцем, которое уже жарко грело, поднимаясь всё выше и выше, и туманно-лазурные, еще по-утреннему зыбкие массивы Италии, её близких и далёких гор, красоту которых бессильно выразить человеческое слово.

На полпути они замедлили шаг: над дорогой, в гроте скалистой стены Монте-Соляро, вся озарённая солнцем, вся в тепле и блеске его, стояла в белоснежных гипсовых одеждах и в царском венце, золотисто-ржавом от непогод, матерь божия, кроткая и милостивая, с очами, поднятыми к небу, к вечным и блаженным обителям трижды благословенного сына её. Они обнажили головы — и полились наивные и смиренно-радостные хвалы их солнцу, утру, ей, непорочной заступнице всех страждущих в этом злом и прекрасном мире, и рождённому от чрева её в пещере Вифлеемской, в бедном пастушеском приюте, в далёкой земле Иудиной…

Тело же мёртвого старика из Сан-Франциско возвращалось домой, в могилу, на берега Нового Света. Испытав много унижений, много человеческого невнимания, с неделю пространствовав из одного портового сарая в другой, оно снова попало наконец на тот же самый знаменитый корабль, на котором так ещё недавно, с таким почётом везли его в Старый Свет. Но теперь уже скрывали его от живых — глубоко спустили в просмоленном гробу в чёрный трюм.

И опять, опять пошёл корабль в свой далёкий морской путь. Ночью плыл он мимо острова Капри, и печальны были его огни, медленно скрывавшиеся в тёмном море, для того, кто смотрел на них с острова. Но там, на корабле, в светлых, сияющих люстрами залах, был, как обычно, людный бал в эту ночь.

Был он и на другую, и на третью ночь — опять среди бешеной вьюги, проносившейся над гудевшим, как

погребальная месса, и ходившим траурными от серебряной пены горами океаном. Бесчисленные огненные глаза корабля были за снегом едва видны Дьяволу, следившему со скал Гибралтара, с каменистых ворот двух миров, за уходившим в ночь и вьюгу кораблём.

Дьявол был громаден, как утес, но громаден был и корабль, многоярусный, многотрубный, созданный гордыней Нового Человека со старым сердцем. Вьюга билась в его снасти и широкогорлые трубы, побелевшие от снега, но он был стоек, твёрд, величав и страшен.

На самой верхней палубе его одиноко высилось

среди снежных вихрей то уютное, слабо освещенное помещение, где, погруженный в чуткую и тревожную дремоту, надо всем кораблём восседал его грузный капитан, похожий на языческого идола. Он слышал тяжкие завывания и яростные взвизгивания сирены, удушаемой бурей, но успокаивал себя близостью того, в конечном итоге для него самого непонятного, что было за его стеною: той как бы бронированной каюты, что то и дело наполнялась таинственным гулом, трепетом и сухим треском синих огней, вспыхивавших и разрывавшихся вокруг бледнолицего телеграфиста с металлическим полуобручем на голове.

В самом низу, в подводной утробе «Атлантиды», тускло блистали сталью, сипели паром и сочились кипятком и маслом тысячепудовые громады котлов и всяческих других машин, той кухни, раскаляемой снизу адскими топками, в которой варилось движение корабля, — клокотали страшные в своей сосредоточенности силы, передававшиеся в самый киль его, в бесконечно длинное подземелье, в круглый туннель, слабо озарённый электричеством, где медленно, с подавляющей человеческую душу неукоснительностью, вращался в своём маслянистом ложе исполинский вал, точно живое чудовище, протянувшееся в этом туннеле, похожем на жерло.

А середина «Атлантиды», столовые и бальные залы её изливали свет и радость, гудели говором нарядной толпы, благоухали свежими цветами, пели струнным оркестром. И опять мучительно извивалась и порою судорожно сталкивалась среди этой толпы, среди блеска огней, шелков, бриллиантов и обнажённых женских плеч, тонкая и гибкая пара нанятых влюблённых: грешно-скромная девушка с опущенными ресницами, с невинной причёской, и рослый молодой человек с чёрными, как бы приклеенными волосами, бледный от пудры, в изящнейшей лакированной обуви, в узком, с длинными фалдами, фраке – красавец, похожий на огромную пиявку.

И никто не знал ни того, что уже давно наскучило этой паре притворно мучиться своей блаженной мукой под бесстыдно-грустную музыку, ни того, что стоит глубоко, глубоко под ними, на дне тёмного трюма, в соседстве с мрачными и знойными недрами корабля, тяжко одолевавшего мрак, океан, вьюгу…

Октябрь. 1915

샌프란시스코에서 온 신사

김선명 옮김

화 있도다, 바빌론, 큰 성이여.
-요한 계시록

 샌프란시스코에서 온 신사, 그의 이름을 기억하는 자는 나폴리에도 카프리에도 그 어디에도 없었다. 그는 그저 기분전환을 위해 아내와 딸을 데리고 2년 계획의 유럽여행을 떠나온 사람일 뿐이었다.

 신사는 휴식을 취하고, 안락을 누리고, 여행을 즐기는 것에 관한 한 충분한 권리가 있다고 스스로 확신하고 있었다. 그것도 최상의 것이어야 한다는 것이 그의 지론이었다. 그의 지론에는 상응한 이유가 있었는데, 첫 번째는 그가 부자라는 것이고, 두 번째는 나이 쉰여덟이 되어서야 비로소 진정한 자신의 삶이 시작되었음을 깨달았다는 것이다.

 그때까지 그는 삶을 살았다기보다는 단지 존재했을 따름이었다. 다만 그것이 썩 나쁘지는 않았고, 그래서 모든 희망을 미래에 걸고 매진할 수 있었다. 그는 두 팔을 걷어붙이고 쉴 새 없이 일만 했는데, 그가 고용했던 수천 명의 중국인들은 이것이 무슨 의미인지 잘 알고 있었다. 결국 신사는 과거에 자신이 모델로 삼았던 사람들과 견주어 봤을 때 많은 것을 이루었다고 확신하게 되자 그제서야 좀

쉬어야겠다고 결심했다. 신사와 같은 부류의 사람들은 으레 유럽, 인도, 이집트를 여행하면서 삶을 즐겼는데, 신사 역시도 이 통과의례를 따르기로 했다.

신사는 가장 먼저 자신의 수십 년간의 노동에 대해 상을 주고 싶었다. 아내와 딸에게도 상을 줄 수 있어 기뻤다. 그의 아내는 여행에 대한 감흥이 유별나지는 않았으나 모든 미국의 중년여성들이 여행에 열광한다. 결혼할 때가 되어 나이가 찬, 조급증 심한 딸에 대해서 말하자면, 더욱이 여행은 필수불가결하다. 굳이 여행이 건강을 위해서 좋다는 효용 가치를 말하지 않더라도 여행에서 좋은 인연을 만날 수도 있지 않은가? 이를테면 백만장자와 같은 테이블에 앉게 될 수도 있고, 옆에서 나란히 벽화를 보게 될 수도 있다.

샌프란시스코에서 온 신사는 여행 일정을 넓게 잡았다. 12월과 1월에는 이탈리아 남부의 태양을 만끽하며 고대의 유적지와 타란텔라[01]와 거리의 악사들이 부르는 세레나데를 즐길 수 있으리라 기대에 부풀었다. 더욱이 그 또래의 남성들에게 민감한 소재인 젊은 나폴리 여인들과의 연애에 대해서도 기대해 마지 않았는데, 오히려 불순한 행각에 더 눈독을 들이고 있었다.

그는 니스[02]와 몬테카를로[03]에서 카니발을 보낼 생각을 했다. 이

---

01 이탈리아 나폴리의 민속 무곡과 그 무용. 빠른 템포의 정열적인 무곡으로 통상 1~2명의 여자와 1명의 남자가 탬버린을 가지고 춤을 춘다.

02 모나코 공국 및 이탈리아에서 가까운 지중해에 위치한 프랑스의 항만 도시. 베네치아 카니발의 전통을 이어 받은 니스 카니발이 대표적 축제이며 매년 2월경 2주간 진행된다.

03 모나코 공국의 행정구 중 하나로서 카지노와 도박장으로 유명하다.

시기에는 상류층의 엄선된 여행객들이 여기로 모여드는데, 어떤 부류는 자동차 경주나 요트 경주에 빠져들고, 다른 부류는 룰렛 게임에, 또 다른 부류는 남녀 간의 노닥거림에, 또 다른 부류는 비둘기 사냥에 여념이 없을 것이다. 그 비둘기들은 그야말로 물망초 빛의 연보라 바다를 배경으로 에메랄드 색 잔디밭 위를 유유자적 아름답게 날아올랐다가 흰색의 덩어리가 되어 땅으로 내려앉는 장관을 보여 줄 것이다.

3월 초는 플로렌스[04]에서 시간을 보내고자 했고, 로마에 가서 '미제레레'[05]를 듣고자 하는 경건한 욕망도 있었다. 그밖에 베네치아[06], 파리도 그의 계획에 들어 있었고, 세빌리아에서 투우 경기를 보는 것, 영국의 섬들에서 해수욕을 하는 것, 그리고 아테네, 콘스탄티노플, 팔레스타인, 이집트, 심지어 일본까지 그의 계획에 들어 있었다. 물론 일본은 돌아오는 길에나 들를 수 있겠지만 말이다... 이렇게 모든 것이 처음에는 훌륭했다.

때는 11월 말이었고, 지브롤터 해협으로 가려면 때로는 빙산의 안개 속을, 때로는 축축한 눈을 동반한 폭풍우 속을 항해해야만 했다. 항해는 완벽하게 순조로웠다. '아틀란티스'라는 이 유명한 여객선에

---

04 이탈리아 중부에 있는 도시 피렌체의 영어 이름. 토스카나 주의 주도.
05 "Miserere Mei Deus 주여, 불쌍히 여기소서." 다윗이 자신의 죄를 참회하며 지은 시편 51편을 가사로 하여 작곡한 가톨릭의 미사곡. 여러 작곡가의 곡이 있지만 그레고리오 알레그리의 곡은 교황청에서 시스티나 성당에서만 부를 수 있게 하고 악보마저 유출되지 않게 교황칙령으로 봉인했을 만큼 중요한 교황청의 자산으로 여겨졌다.
06 이탈리아 베네토 주의 주도로 물의 도시로 불린다.

는 승객이 많았을 뿐만 아니라 나이트 바, 동양식 사우나, 자체 신문 등의 모든 편의시설을 갖추고 있어 마치 거대한 호텔 같았다. 여기의 삶은 마치 자로 잰 듯 정확하게 흘러가고 있었다. 사람들은 복도에 울려 퍼지는 날카로운 기상 나팔 소리에 맞춰 아직 어두침침한 새벽녘에 일찍 일어났고, 그 시각에 태양은 안개 속에서 심하게 요동치는 잿빛초록의 황야 같은 물결 위로 서서히 마지못한 듯 떠오르기 시작했다.

이때 사람들은 플란넬 잠옷을 벗어 던지고 커피와 초콜렛, 코코아를 마셨다. 그런 다음 사우나에 잠시 앉아 있다가 체조를 하며 상쾌한 기분과 식욕을 불러일으켰고, 몸치장을 마친 후에야 첫 번째 아침 식사를 하러 발걸음을 옮겼다. 열한 시 이전까지는 차가운 바닷바람의 신선함을 만끽하며 갑판을 거닐거나 식욕을 새로이 일깨우기 위해 셔플보드나 다른 게임을 하도록 되어 있었다. 이윽고 열한 시가 되면 스프를 곁들인 샌드위치를 먹어 원기를 북돋았고, 기꺼운 마음으로 신문을 읽은 후 조용히 두 번째 아침 식사로 첫 번째보다 더 영양이 있고 메뉴도 다양한 식사를 기다렸다.

식사 후 두 시간은 휴식을 위한 시간이었다. 모든 갑판 위에는 갈대로 만든 등받이 의자가 가득 놓여졌고, 여행객들은 담요를 덮은 채 그 위에 누워 구름 낀 하늘과 뱃전에 부딪쳐 거품이 이는 물보라 더미를 바라보면서 달콤하게 졸았다. 청량하고 유쾌한 기분이 된 이들의 다섯 시는 쿠키와 함께 진하고 향이 좋은 홍차를 마시는 시간이었다. 일곱 시가 되면 나팔 소리가 이 모든 승객들의 가장 중요한 존재의 목적인 바로 그것, 하루의 절정이 준비되었음을 알렸다... 샌프란시스코에서 온 신사도 옷을 갈아입기 위해 자신의 화려한 객실로 서둘러 향했다.

저녁마다 '아틀란티스'는 각 층의 환히 밝혀진 무수한 창문들로 마치 어둠 속에서 눈을 부릅뜬 것처럼 번쩍거렸고, 엄청난 수의 직원이 레스토랑의 주방에서, 바에서, 지하 와인창고에서 일했다. 벽 너머로 출렁이는 바다는 무시무시했지만, 그것에 대해 생각하는 이는 아무도 없었다. 그들을 이끄는 선장의 힘을 철썩같이 믿었기 때문인데, 그 선장은 거구의 붉은 머리를 한 괴물 같은 사내로, 넓은 금장이 달린 제복을 입고 항상 졸린 듯 서 있는 품이 마치 거대한 이교의 우상 같았다. 그는 자신만의 비밀스런 공간에서 나와 사람들 앞에 모습을 드러내는 법이 거의 없었다.

선수 갑판에서는 세이렌[07]이 쉴 새 없이 지옥의 음울한 분위기로 울부짖었고, 사무치는 원한을 드러내듯 날카로운 소리를 냈다. 식사 중인 몇몇 사람들이 세이렌의 노래를 들었을지는 모르나 밝은 홀에서 끊임없이 울려 퍼지는 훌륭한 현악 오케스트라의 아름다운 선율이 그 소리를 묻어 버렸다. 홀에는 화려한 불빛이 번쩍였고, 목덜미를 드러낸 데콜테 드레스[08]를 입은 부인들, 연미복과 턱시도를 입은 남성들뿐만 아니라 늘씬한 웨이터들과 정중한 지배인들로 가득 차 있었다. 그들 중 마치 영국의 시장처럼 커다란 금줄을 목에 건, 한 지배인은 와인 주문만 받았다.

턱시도와 풀을 먹인 셔츠가 샌프란시스코에서 온 신사를 매우 젊어 보이게 했다. 신사는 크지 않은 키에 살집이 없어 썩 균형잡힌 몸매는 아니지만 튼튼하게 박음질 된 듯한 외모였다. 그가 앉은 테이블 너머에는 와인 병과 얇은 유리로 된 와인잔들, 아름다운 곡선을 뽐내는 히야신스 꽃장식이 놓여 있었고, 홀은 궁전에서나 볼 수 있는 금빛 진주 같은 찬란함이 흘러 넘쳤다. 잘 정돈된 은빛 콧수염을 자랑하는 그의 황색 얼굴은 어딘지 몽골인 같은 구석이 있었다. 그의 커다란 이빨들은 금으로 번쩍거렸고, 그의 민둥한 대머리는 오래된 상아색으로 번들거렸다.

---

07 세이렌(Seiren)은 그리스 신화에 나오는 님프로서 절벽과 암초에 둘러싸인 섬에 살면서 아름답고도 치명적인 마력으로 배를 타고 지나가는 선원들을 노래로 유혹하였다고 한다. 노래에 홀린 선원들은 배가 난파되거나 물에 뛰어들어 죽음에 이르렀다고 한다.
08 프랑스어로 데콜테는 '목둘레를 파다'라는 뜻으로 일반적으로 가슴, 어깨, 등을 크게 파서 목덜미나 앞가슴을 드러낸 이브닝 드레스를 로브 데콜테라고 부른다.

　신사의 아내는 체격이 크고 펑퍼짐한 조용한 여인이었는데, 부유해 보이면서도 나이에 걸맞는 옷을 입고 있었다. 그의 딸은 키가 크고 말랐지만, 투명한 얇은 천에 복잡한 장식이 달린 옷을 입고 있어서인지 청순함과 솔직함이 엿보였다. 곱게 빗겨진 비단결 같은 머리칼에서는 숨을 쉴 때마다 제비꽃 향기가 풍겼고, 파우더를 발라 감추었지만 입술 옆과 어깨 사이에는 불그레한 뾰루지가 앙증맞게 나 있었다…

　식사는 한 시간 이상 계속되었고, 식사 후 댄스홀에서는 무도회가 시작되었다. 무도회가 계속되는 동안 샌프란시스코에서 온 신사를 포함한 남성들은 바에서 다리를 꼬고 앉아 얼굴이 딸기처럼 벌겋게 될 때까지 하바나 시가를 피워 대며 술독에 빠졌다. 흑인 웨이터들은 하나같이 빨간 조끼를 입고서 서빙을 보고 있었는데, 눈의 흰자

위는 완숙으로 삶은 계란을 벗겨 놓은 것만 같았다.

 벽 저편에는 바다가 우레 같은 둔탁한 소리를 내며 검은 산처럼 파도쳤고, 눈보라가 비대한 삭구 속에서 커다란 굉음을 냈다. 여객선 전체가 눈보라와 파도산을 견뎌 내느라 진동했고, 끊임없이 쉬익쉬익 파도 소리를 내는 거대한 바다가 치솟아 올라 만들어 낸 파도산, 그 물보라 거품 꼬리 같은 파도산의 측면을 여객선이 쟁기로 허물어 내리는 듯 부숴 버렸다. 죽음 같은 우수 속에서 세이렌은 안개 때문에 숨이라도 막히는 듯이 신음을 토해 냈고, 망루에서 보초를 서고 있던 당직 선원들은 힘에 겨운 긴장으로 얼굴은 상기되고 몸은 추위로 얼어붙었다.

 여객선의 가장 밑바닥은 어둡고 광포한 지옥의 핵 같았다. 지옥 중에서도 지옥의 마지막인 제9옥[09] 같았는데, 거기서는 달구어진 입으로 석탄 무더기를 게걸스럽게 집어삼키는 거대한 아궁이들이 둔탁하게 울고 있었다. 뜨거운 열기로 허리춤까지 벗어 젖힌 인부들의 상체가 붉게 익어 버렸고, 시큼하고 더러운 땀으로 뒤범벅된 인부들에 의해 석탄은 굉음을 내며 타들어 갔다.

 하지만 여기 바에서는 모두가 만사태평으로 두 다리를 안락의자 팔걸이에 걸치고 꼬냑과 리퀘르를 천천히 들이키며, 자극적인 연기가 자욱한 가운데 헤엄치듯 흐느적거리고 있었다. 댄스홀에서는 모든 것이 빛과 온기와 기쁨을 발산하며 번쩍이고 있었는데, 춤을 추는 여러 쌍들은 왈츠를 추면서 뱅글뱅글 돌기도 하고, 몸을 뒤로 젖

---

[09] 단테가 「신곡」에서 그리는 지옥은 제1옥에서 시작해서 지핵(地核)에 해당하는 제9옥까지의 공간으로 구성되어 있는데, 그중 가장 하부의 영역이다.

히면서 요란스레 탱고를 추기도 했다. 단지 음악만이 달콤하면서도 수치심을 잃은 슬픔 속에서 오직 한 가지만을 집요하게 기도하는 듯했다…

이 화려한 군중 가운데에는 구식 연미복을 입은, 큰 키에 말끔하게 면도한 엄청난 부자도 있었고, 유명한 스페인 작가도 있었고, 절세미인도 있었다. 그리고 사랑에 빠진 우아한 한 쌍의 연인이 있었는데, 호기심에 가득 찬 사람들이 그들을 따랐고, 이들도 자신의 행복을 숨기지 않았다. 그는 파트너를 바꾸지 않고 오직 이 여인하고만 춤을 추었는데, 그래서 더욱 미묘하고 매혹적인 무언가가 발산되었다. 하지만 선장은 알고 있었다. 이 한 쌍의 연인이 많은 돈을 받고 사랑놀이를 하도록 로이드에 의해 고용되어 오랫동안 이 배 저 배를 옮겨 다니고 있다는 사실을…

지브롤터 해협에서는 태양이 모두를 반겨주었는데, 마치 이른 봄날이라도 된 것 같았다. 이때 아틀란티스 호의 갑판에 모든 이의 관심을 불러일으킬 만한 새로운 승객이 나타났다. 그는 익명으로 여행하고 있는 아시아 어느 나라의 왕자였다. 키는 작달막한데다 무표정하고 넙데데한 얼굴에 금테 안경을 썼으며 그 사이로 눈을 가늘게 뜨고 있었는데, 커다란 콧수염 때문인지 꼭 죽은 사람처럼 보여서 인상이 썩 좋지는 않았다. 하지만 대체로는 온화하고 소박하며 겸손해 보였다. 지중해에서는 공작의 꼬리 같은 거대하면서 형형색색을 띤 파도가 일고 있었으나, 트라몬타나[10]가 유쾌하면서도 거세게 불

---

10 지중해에서 부는 북풍

어 오더니 깨끗한 하늘과 선명한 빛 속에서 이 파도를 흩뿌려 놓았다...

이튿날이 되자 하늘은 생기를 잃고 수평선은 안개로 덮였다. 육지가 가까워진 것이었다. 이스키아 섬[11]과 카프리 섬이 모습을 드러냈고, 쌍안경으로는 이미 잿빛의 산기슭에 설탕 덩어리처럼 흩뿌려진 나폴리가 보였다... 많은 신사와 숙녀들은 벌써부터 가벼운 모피 코트를 걸쳐 입었다. 순종적인 중국인 보이들은 항상 소근대며 다녔는데, 다리가 구부정한 이 사춘기 아이들은 꼭 아가씨 눈썹처럼 속눈썹이 무성했고, 타르 같은 검은 머리채를 발뒤꿈치까지 늘어뜨린 채 여행용 담요니 지팡이, 여행가방, 여행장비들을 계단 쪽으로 차례로 옮겨다 놓았다...

샌프란시스코에서 온 신사의 딸은 어제 저녁 갑판에서 운이 좋게도 우연히 왕자와 나란히 서게 되었다. 왕자는 딸에게 무언가를 설명했고, 크지 않은 목소리로 서둘러 이야기하면서 어딘가를 가리켰는데, 딸은 그곳을 멀리 뚫어지게 바라보는 시늉을 했다. 왕자는 키로 보자면 소년 같이 작달막해서 정말이지 볼품이 없었다. 안경이며, 중절모며, 영국식 외투는 어색하기 짝이 없었고, 듬성듬성한 콧수염은 꼭 말 수염 같았으며, 그 평범한 얼굴을 덮고 있는 검고 얇은 피부는 마치 락카라도 바른 듯 딱딱해 보였다. 하지만 신사의 딸은 왕자의 이야기를 경청했다. 딸은 흥분을 해서인지 무슨 얘기를 하는지조차 알아듣지 못했다. 왕자 앞에서 그녀의 심장은 알 수 없는 환희로 요동쳤다. 모든 것, 왕자의 모든 것은 평범한 다른 이들과는 달

---

[11] 이탈리아 남부 나폴리 만과 가에타만 사이 티레니아 해에 있는 화산섬.

랐다. 건조한 두 손, 투명한 피부, 그 피부 아래 흐르는 고대 왕족의 피, 심지어 유럽풍의 아주 소박하지만 매우 정돈된 그의 옷은 설명할 수 없는 매력을 숨기고 있는 듯했다.

한편 샌프란시스코에서 온 신사는 회색 각반을 두른 구두를 신고 서 옆에 서 있는 유명한 미인을 연신 힐끔힐끔 쳐다보고 있었다. 그녀는 키가 훤칠한 놀랄 만한 몸매의 금발 미녀였는데, 파리에서 최신 유행하는 눈화장을 하고 있었다. 이 금발 미녀는 은색 목줄을 채운 작고 구부정한 털 빠진 강아지를 안고서 강아지와 계속 대화를 나누고 있었다. 신사의 딸은 알 수 없는 불편함을 느끼며 미녀를 힐끔거리는 아버지를 애써 외면했다.

신사는 여행에서 꽤 인심이 후했고, 그래서인지 주위에서 시중드는 이들의 보살핌을 전적으로 믿고 의지했다. 그들은 음식과 마실 것을 대령하고, 그의 작은 요구사항까지 미리 알아차리고 아침부터 밤까지 시중을 들며, 그의 청결을 유지해 주고 편안하게 쉴 수 있도록 하고, 그의 물건을 옮겨 준다든지, 짐꾼을 불러 준다든지, 호텔로 트렁크를 옮겨다 주었는데, 신사는 이들이 언제든지 곁에서 모든 일을 해주리라 믿고 있었다. 어디서나 그랬다. 항해 중에도 그랬고, 나폴리에서도 응당 그래야 했다.

나폴리는 점점 가까워져 크게 보이기 시작했다. 구릿빛 관악기를 번쩍이면서 연주자들이 일찌감치 갑판 위에 모여 웅장한 행진곡을 불어 대는 바람에 모든 승객들은 귀가 멍멍해 질 정도였다. 이때 제복을 갖추어 입은 거구의 선장이 상갑판에 모습을 드러내 마치 자애

로운 이교의 신처럼 승객들을 향해 정답게 손을 흔들었다.

마침내 '아틀란티스 호'가 항구로 진입하면서 많은 사람을 태운 그 육중한 몸뚱이를 해변에 대자 잔교들이 덜컹거리기 시작했다. 얼마나 많은 호텔 직원과 금줄 두른 모자를 쓴 그 부하 직원들, 다양한 중개인들, 휘파람을 부는 소년들과 색색의 전단지 뭉치를 든 건장한 부랑자들이 일거리를 찾아보겠다고 신사에게로 몰려들었던가! 그는 왕자와 함께 묵게 될 호텔에서 보내준 차 쪽으로 걸음을 옮기면서 이 부랑자들에게 코웃음을 쳤고, 나지막이 이빨 사이로 영어로, 또 이태리어로 내뱉었다.

- *Go away! Via!*(저리가! 꺼져!)

나폴리의 삶은 정해진 일정에 따라 정확하게 흘러갔다. 아침 일찍 어스레 밝아 오는 레스토랑에서 아침식사를 하고 있으면 구름이 잔뜩 낀 찌푸린 하늘이 드리웠고, 여행가이드 무리들도 호텔 로비로 모여들기 시작했다. 그러고 나면 따뜻한 장밋빛 태양이 첫 번째 미소를 보내왔고, 높은 발코니에서 베수비오 화산[12] 쪽 전망을 즐길 수 있었다. 거기서는 반짝이는 아침 안개로 산기슭까지 희뿌연 화산이 보였고, 항만에 찰랑이는 은빛 진주 같은 잔물결, 수평선에 걸린 카프리 섬의 희미한 실루엣, 해변로를 달리는 이륜마차의 작은 당나귀들, 그리고 군가를 부르며 활기차게 행군하는 군인들의 대열이 손톱만큼 작게 보였다.

전망을 감상한 후엔 자동차를 타고 이동했는데, 우리는 창이 많

---

[12] 이탈리아 나폴리 인근에 있는 화산. 현재까지 활동하고 있는 화화산.

은 높은 집들 사이로 난 비좁고 사람들로 북적이는 질척한 길을 따라 천천히 움직였다. 쥐죽은 듯 고요하고 눈처럼 깨끗하게 반짝이는 박물관들과 양초 냄새가 풍기는 차가운 교회들을 보는 것은 유쾌하기도 했지만 따분한 일이었다. 특히 교회는 어디든 그러하듯이 웅장한 입구에 무거운 가죽 휘장이 덮여져 있었고, 내부에는 엄청난 공허함과 침묵이 흘렀으며 손뜨개 레이스로 장식된 옥좌 위 깊숙한 안쪽에는 메노라[13]가 고요하고 붉게 타올랐다. 짙은 색 나무 의자 사이에는 노파가 외로이 있었는데, 그 노파의 발 아래에 대리석 묘석들이 있었으며, 벽에는 누구의 작품인지는 모르겠으나 그 유명한 '십자가에서 내려지는 예수'라는 그림이 걸려 있었다.

한 시가 되었을 때, 산마리노[14]에서 점심식사를 했다. 이곳은 정오까지 적지 않은 수의 최상류층이 출입하는 곳으로 언젠가 샌프란시스코에서 온 신사의 딸은 이곳에서 기절할 정도로 놀란 적이 있었다. 왜냐하면 왕자가 로마에 있다고 신문에서 읽었는데 그 왕자가 홀에 앉아 있었기 때문이었다.

다섯 시가 되면 벽난로와 카펫으로 따뜻한 온기가 느껴지는 화려한 호텔 살롱에서 차를 마셨고, 거기에서는 다시 식사가 준비되었다. 각 층마다 힘차고 묵직한 종소리가 울려 퍼지면 데콜테 드레스를 입은 귀부인들이 열을 맞춰 이 실크 드레스를 사각거리며 계단을 오르내렸고 연신 거울에 자신을 비춰 보았다. 활짝 열린 화려한 레

---

13 메노라(menorah). 히브리어로 '촛대'. 유대교 제식에서 쓰이는 7갈래의 촛대를 의미한다.

14 산마리노 공화국의 수도로 티타노산의 서쪽 사면에 있다. 산마리노 공화국은 이탈리아 반도 중북부에 위치하고 있으며 바티칸 시국, 모나코 다음으로 작은 나라이다.

스토랑과 무대 위 붉은 연미복을 입은 악사들은 이들을 환대했고, 지배인 옆에서 접시마다 능숙하게 걸쭉한 장밋빛 수프를 붓는 숙련된 흑인 웨이터들... 만찬은 음식, 와인, 미네랄워터, 디저트, 과일로 넘쳐나서 열한 시 즈음이 되면 웨이터들은 속을 따뜻하게 해 줄 뜨거운 물이 든 고무 주머니를 각 방마다 날라야 했다.

하지만 12월은 '썩 훌륭하지는 못했다'. 호텔 직원들이 날씨에 관해 말할 때면, 변명을 늘어놓는 것이 한두 해가 아니면서도 이런 해는 처음이라며 어깨를 들썩이며 너스레를 떨곤 했다. 그러면서 유럽 곳곳에서는 더 끔찍한 일들이 벌어지고 있다고 변명을 늘어놓기가 일쑤였다. 이를테면 리비에라 해안[15]에서는 전대미문의 폭풍우가 불고 있으며, 아테네에서는 엄청난 눈이 내리고 있으며, 에트나 산[16]도 눈으로 완전히 덮여 밤에도 반짝거리고 있으며, 팔레르모[17]에서는 한파로 관광객들이 도망치듯 도시를 빠져나오고 있다고 말이다...

아침의 찬란했던 태양은 매일같이 거짓을 예고했다. 정오가 되면 태양은 잿빛으로 변하고 비를 흩뿌리기 시작하는 것이었다. 빗방울은 점점 거세어지고 차가워졌다. 그러면 호텔 입구에 있던 야자수들은 양철판처럼 반짝였다. 도시는 특히 좁고 더러워 보였고, 박물관들은 극도로 무미건조해 보였다. 뚱뚱한 마부들은 비닐 망토를 양 날개

---

[15] 지중해의 해안으로 프랑스 리비에라와 이탈리아 리비에라로 나누어진다. 니스, 칸, 몬테카를로, 산레모 등 관광지로 줄지어 있어 마치 목걸이 같다고 하여 목걸이를 뜻하는 '리비에라'로 명명하였다.

[16] 시칠리아 섬 동쪽 해안에 위치한 화산.

[17] 이탈리아 시칠리아 주의 주도.

처럼 바람에 휘날리며 담배 꽁초들을 집어던졌고 참기 어려운 악취까지 풍겼다. 더구나 말라빠진 말들을 타고서 박력 있는 척 채찍을 휘두르는 품은 참으로 우스꽝스러웠다. 전차레일을 청소하는 지체 높은 분들의 신발 꼴은 엉망이었고, 검은 머리를 풀어 헤친 여인들은 민망할 정도의 짧은 다리로 비를 맞으며 흙탕길을 철썩거리며 휩쓸고 다녔다. 게다가 거품이 자욱한 해안 바다에서 퀴퀴한 습기와 썩은 생선 냄새까지 올라오고 있었으니 더 이상 말할 것도 없었다.

샌프란시스코에서 온 신사와 부인은 아침마다 말다툼을 벌였다. 그들의 딸은 두통 때문에 창백해진 얼굴로 다녔고, 그러다가 좀 살아나면 모든 것에 환희를 느끼는 사랑스럽고도 아름다운 모습이 되었다. 별로 잘생기지는 않았지만 범상한 피가 흐르는 남자와의 만남이 그녀에게 특별한 감정들을 일깨웠고, 그 부드럽고 복잡한 감정들은 아름다운 것이었다. 젊은 처자의 마음을 설레게 한 것이 설사 돈이었든, 언변이었든, 혈통이었든 그것은 이미 중요하지 않았다...

모든 이들은 소렌토와 카프리 섬에 가면 이곳과는 완전히 다를 것이라고 믿었다. 그러니까 거기는 더 따뜻하고, 더 화창하고, 레몬 꽃도 만발하고, 사람들의 성품도 더 정직하고, 포도주도 자연산일 것이라고 확신했다. 샌프란시스코에서 온 가족도 모든 짐들을 꾸려 카프리 섬으로 떠나기로 했다. 우선 카프리 섬을 훑어보고, 티베리우스 황제[18]의 궁전 터 돌담길도 따라 걸어보고, 동화 같은 '푸른 동

---

18 로마제국 제2대 황제로서 말년에 카프리 섬에 은둔하였다. 그의 장대한 저택 12개가 카프리 섬에 있었는데, 그중 빌라 요비스(주피터의 빌라)가 가장 유명하며 빌라의 상당 부분이 그대로 남아 있다.

굴'[19]도 가 보고, 성탄절까지 한 달 내내 섬을 떠돌아다니면서 성모 마리아 찬가를 부르는 아브루초[20] 악사들의 피리 소리도 충분히 들어보고 나서 소렌토에 거처를 정하기로 했다.

떠나는 날, 이날은 샌프란시스코에서 온 가족에게 있어 잊을 수 없는 날이었다! 심지어 아침부터 태양도 뜨지 않았다. 베수비오 화산 전체를 송두리째 덮어 버린 무거운 안개가 바다의 납빛 물결 위에 낮게 회색으로 드리웠다. 카프리 섬은 전혀 보이지 않아서 마치 이 지구상에 없는 것 같았다. 섬으로 향하는 작은 증기선은 이리로 저리로 흔들렸고, 샌프란시스코에서 온 가족은 다리를 담요로 덮고

---

19 카프리 섬 해안에 있는 유명한 해식 동굴. 햇빛이 수중 공동을 통해 바닷물을 지나면서 푸른색이 반사되어 동굴 안을 비춘다.

20 아브루초 지역은 이탈리아 중부에 있는 주(州)로 2/3가 산지로 이루어져 있고, 1/3은 국립공원과 자연보호지역으로 이루어져 있다. 20세기 초까지 자신들만의 언어인 아브루초어를 사용했다.

뱃멀미를 참으려고 눈을 감은 채 이 작은 배의 초라한 선실 소파에 길게 쓰러져 있었다.

신사의 부인은 예상했던 대로 누구보다도 더 고통에 시달렸다. 뱃멀미로 몇 번이나 토하고 나니 죽을 것만 같다는 생각이 들었다. 이미 여러 해 동안 매일 덥든 춥든 이 파도에 이력이 난 여종업원이 대야를 들고 뛰어와서는 연신 키득거렸다. 딸은 극도로 창백해져서 레몬 조각을 이빨에 물고 있었다. 통이 넓은 외투에 커다란 모자를 쓴 신사는 배를 타고 가는 내내 입을 열지 않았다. 그의 얼굴은 어두워지고 수염은 하얗게 질렸으며 심한 두통이 시작되었다. 극악한 날씨 덕분에 며칠을 저녁마다 너무 많이 마셔 댄 데다가 몇몇 은신처에서 '타블로 비방'[21]을 과하게 탐닉했기 때문이었다.

비는 덜컹거리는 유리창으로 들이쳤고, 창문에서 소파 쪽으로 흘러내렸다. 울부짖는 바람은 이미 돛을 부러뜨렸고, 솟구쳐 오르는 파도를 동반하기라도 하면 배는 거의 뒤집어질 지경이 되었다. 그럴 때면 여기저기서 굉음을 내며 무언가가 아래쪽으로 굴러 떨어졌다.

잠깐 정차하였던 소렌토 반도의 카스텔라마[22] 부두에서는 조금 나았다. 하지만 여기서도 세차게 요동치기는 마찬가지였고, 어찌나 심하게 요동을 쳤던지 선창 너머로 해안선과 그 위로 보이는 절벽들, 정원들, 소나무들, 붉고 흰 호텔들, 안개 자욱한 구불구불한 초록의

---

21 tableau vivant 활인화. 살아 있는 사람이 분장하여 정지된 모습으로 명화나 역사적 장면 등을 연출하는 것으로 당시 유행하였던 오락의 일종이었다고 한다. 여기서는 에로틱한 장면을 연출한 놀이로 유추된다.

22 이탈리아 캄파니아주 나폴리현에 있는 도시로 정식 명칭은 카스텔라마레 디 스타비아이다. 소렌토 반도의 해변에 위치하고 있다.

산들은 그네를 타고 보는 것처럼 끊임없이 아래로 위로 흔들거렸다. 배의 외벽에는 작은 보트들이 부딪히면서 둔탁한 소리를 냈고, 습한 바람이 문 쪽으로 불어 들어왔다. 그리고 '로얄'이라는 호텔 깃발을 달고 있는 갑판 없는 작은 배에서 여행객을 호객하는 소년이 한시도 쉬지 않고 부정확한 발음으로 무언가를 날카롭게 외쳤다.

샌프란시스코에서 온 신사는, 그렇게 느끼는 것이 당연하긴 하지만, 자신이 완전히 늙은이가 되었음을 새삼 느끼면서 우수와 악의에 찼다. 그러고는 괜스레 이탈리아인이라 불리는 사람들이 얼마나 탐욕스럽고 마늘 냄새가 나는지 생각해 냈다. 신사는 배가 정박한 동안 소파에서 일어나 앉아 눈을 떴는데, 가파른 절벽 아래 물가에 다닥다닥 붙어 있는 초라하기 짝이 없는 무더기 집들이 눈에 들어

왔다. 속속들이 곰팡이가 핀 돌집들과 그 옆에 널브러져 있는 보트들, 넝마, 양철관, 갈색이 된 그물들을 보자, 이것이 그가 만끽하고 싶어 찾아 온 이탈리아의 실체였나 하는 생각에 절망감에 휩싸이기도 했다...

결국 땅거미가 드리우자 그제서야 검은 섬이 가까워지기 시작했다. 섬에는 붉은 빛을 내는 집들이 군데군데 있었는데, 마치 산기슭에 난 구멍에서 불빛이 새어 나오는 듯했고, 검은 기름처럼 부드럽게 출렁이는 고요한 파도를 따라 바람은 점점 부드럽고 따뜻해졌으며 좋은 바다향까지 풍겼다. 부두의 가로등 불빛은 황금 구렁이처럼 넘실거렸다...

갑자기 닻이 큰 소리를 내며 물속으로 철썩 떨어지자 선원들의 거친 고함소리가 여기저기서 앞다투어 튀어나왔다. 그제서야 모두들 마음에 평정을 되찾았고, 선실이 더 환하게 밝아졌으며, 비로소 먹고 마시고 담배를 피우고 움직이고 싶다는 욕구가 일었다...

10분 후 샌프란시스코에서 온 가족은 짐배로 옮겨 탔고, 15분 후에는 드디어 바닷가에 있는 잔돌들을 밟을 수 있게 되었다. 가족은 밝은색 자동차를 타고 윙윙 소리를 내며 비탈길을 따라 올라갔다. 우리는 반쯤 허물어진 돌담이 둘러져 있는 포도밭의 말뚝 사이를 지나고 나서 짚으로 만든 차양으로 씌워진 축축하고 옹이진 오렌지 나무들을 지나쳤는데, 자동차의 열린 창문으로 보이는 이 나무들은 오렌지 열매와 두껍고 윤기 흐르는 잎사귀를 반짝거리며 산 아래쪽을 향해 열을 지어 심어져 있었다... 이탈리아에서는 비 온 뒤 땅에서 달콤한 향이 났는데, 각 섬마다 저마다의 독특한 향기를 가지고 있는 듯했다!

 카프리 섬은 이날 저녁 습하고 어두웠다. 하지만 순식간에 원기를 회복하고 곳곳이 밝아졌다. 산 정상의 케이블카 정거장에는 이미 샌프란시스코에서 온 신사를 영접하려는 일군의 사람들이 서 있었다. 다른 방문자들도 있었는데 대수롭지 않은 이들이었다. 이를테면 카프리 섬을 방문한 몇몇 지저분하고 산만해 보이는 러시아인들이 있었는데, 이들은 구렛나루에 안경을 끼고, 낡은 외투에 깃을 세워 입고 있었다. 또 다리가 길고 머리가 둥근 독일 청년들 일행이 있었는데, 이들은 티롤[23] 식의 한 벌 짜리 옷을 입고 마 재질의 가방을 어깨에 메고 있었다. 이들 모두는 누군가의 서비스도 불필요했고, 씀씀이도 넉넉지 않아 보였다.

 샌프란시스코에서 온 신사는 조용히 이들로부터 떨어져 서 있었기 때문에 금방 눈에 띄었다. 부유한 관광객들의 여행가방과 짐을 머리에 이고 있던 덩치 큰 카프리 아낙들과 아이들이 신사와 모녀가 서둘러 빠져나올 수 있도록 도와 주었고, 길을 알려 주며 그를 앞서 뛰어갔다가 다시 그를 에워쌌다.

 오페라 무대 같은 작은 광장에는 습한 바람 때문에 가로등 빛이 휘청거렸고, 카프리 아낙들의 나막신 걸음걸이가 똑똑똑똑 소리를 냈다. 한 무리의 아이들이 새처럼 휘파람을 불고 공중제비를 돌았는데, 그 아이들 사이로 샌프란시스코에서 온 신사는 마치 무대를 걷

---
[23] 유럽 중앙부에 있는 역사적인 지역으로 알프스 산맥 산간지대에 위치하고 있다. 제1차 세계대전까지 오스트리아 헝가리 제국의 일부였으며, 전후 이탈리아에 속하게 되었다.

듯 중세 양식의 아치 쪽으로 걸어갔다. 그 아치 위에는 다닥다닥 붙어 한 덩어리처럼 보이는 집들이 있었고, 그 뒤로는 번쩍이는 호텔의 정문을 향해 시끌벅적한 작은 길이 나 있었다. 그 길의 왼쪽에는 빽빽한 지붕 위로 회오리처럼 휘감겨 있는 야자수 잎들이 보였고, 앞쪽과 위쪽으로는 검은 하늘 위로 파란 별들이 펼쳐져 있었다.

마치 샌프란시스코에서 온 손님들에게 경의를 표하기 위해 이 지중해에 있는 절벽 섬의 습한 석조 도시가 다시 깨어난 듯했다. 이들이 호텔의 사장을 행복하고 친절하게 만들었음은 물론이거니와 식사 시간을 알리기 위해 층마다 울리는 중국 징조차도 이들만을 기다리고 있었던 듯했다. 어쨌거나 이들은 가까스로 현관에 들어설 수 있었다.

가족을 맞이한 호텔 사장은 매우 고상하고 젊은 사람으로 예의 바르고 깍듯하게 인사를 했다. 샌프란시스코에서 온 신사는 그를 보고 단번에 놀랐는데, 최근 어느 날 밤 꿈이 갑자기 생각났기 때문이었다. 그를 집요하게 따라다니던 산란한 꿈 속에서 바로 이 신사, 그러니까 바로 이 양복을 입고, 바로 이렇게 반질반질하게 머리를 빗어 넘긴, 한 치도 틀림이 없는 바로 이 사람이 등장했던 것이다. 너무 놀란 그는 순간 멈칫했다. 하지만 그의 마음속에 소위 신비로운 감정이라 일컫는 류의 것들은 이미 오래 전부터 겨자씨만큼도 존재하지 않았던 만큼, 그의 놀람도 일순간에 사라졌다. 그는 오히려 호텔 복도를 지나가고 있는 아내와 딸에게 이 꿈과 현실의 기묘한 일치에 대해서 농담처럼 떠들었다. 딸은 그 순간 불안하게 그를 쳐다봤다. 이 낯설고 어두운 섬에서 끔찍한 고독과 회한이 갑자기 그녀의 심장을 덮쳤기 때문이다...

　호텔 측에서는 카프리 섬에 머물렀던 레이스 XVII세라는 상류층 인사가 방금 떠났다고 하면서, 그가 묵었던 방들을 샌프란시스코에서 온 손님들에게 내주었다. 게다가 그들에게 가장 예쁘고 일 잘하는 벨기에 출신 여종업원을 배정해 주었다. 그녀는 코르셋으로 조인 단단하고 가는 허리에, 작은 톱니 왕관 모양의 풀 먹인 머리두건을 쓰고 있었다. 또한 남자 종업원 중에서 가장 눈에 띄는 붉은 눈에 칠흑 같은 검은 피부를 가진 시칠리아인과 복도 담당으로 평생 동안 유사 업종 경험이 많은 민첩한 땅딸보 루이지가 배치되었다.

　잠시 후 프랑스인 지배인이 샌프란시스코에서 온 신사의 방 문을 가볍게 두드렸다. 지배인은 가족들이 식사를 할 것인지를 물어보러 왔다. 당연히 한다고 하겠지만, 식사를 한다고 하면 오늘 요리에 왕새우, 로스트비프, 아스파라거스, 꿩고기 등이 나올 것이라 말하려고 했다. 샌프란시스코에서 온 신사의 발밑에서는 여전히 바닥이 덜컹거리고 있었는데, 그 볼썽사나운 이탈리아 배가 아직도 그를 그토록 흔들어 댔던 것이다. 지배인이 들어올 때 반동으로 창문이 열렸고, 거기서 멀리 있는 부엌 냄새와 정원의 습한 꽃내가 들어왔다. 신사는 익숙지 않고 능숙하지 못한 태도로 천천히 자기 손으로 그 창문을 닫았다. 그러고 나서 신사는 식사를 할 것이라 말하며 문에서 멀리 떨어져 있는 홀의 가장 안쪽에 자리를 잡아줄 것을 요구했고, 이 지역산 맥주를 먹겠노라고 서두르지 않고 또박또박 대답했다. 그가 한마디 한마디 말을 할 때마다 지배인은 샌프란시스코에서 온 신사의 요구가 의심의 여지없이 정당하며 또한 앞으로도 마찬가지며, 그 모든 것이 정확하게 실현될 것임을 의미하는 다양한 억양의 맞장구를 쳐 주었다. 마지막으로 그는 고개를 숙여 인사하며 정중히 물었다.

- 더 필요하신 것은 없으신지요, 써(Sir)?

대답으로 느린 어조의 《예스》라는 말을 들은 후에야 지배인은 오늘 호텔 로비에서 타란텔라 공연이 있으며, 전 이탈리아와 '관광객들 세계'에서 유명한 카르멜라와 주세페가 나온다고 덧붙였다.

- 나는 엽서에서 카르멜라를 본 적이 있소만, 이 주세페라는 사람은 그의 남편이오?

샌프란시스코에서 온 신사는 무미건조한 목소리로 물었다.

- 사촌 오빠입니다, 써(Sir).

샌프란시스코에서 온 신사는 무언가를 생각한 듯 천천히, 하지만 아무 말도 하지 않은 채 고개를 끄떡였다.

신사는 마치 혼례라도 다시 치르는 듯 요란스레 준비를 시작했다. 불이란 불은 전부 켜 놓았고, 그래서 모든 거울에 빛뿐만 아니라 가구, 열려진 가방들이 이리저리 반사되었다. 그리고 면도하고, 씻고, 끊임없이 벨을 눌러 댔다. 다른 참을성 없는 벨소리들이 복도를 통해 울려 퍼지며 그의 벨을 가로챘는데, 그것은 그의 아내와 딸의 방에서 누른 것이었다.

빨간 앞치마를 두른 루이지는 많은 뚱뚱한 사람들에게 특징적으로 나타나는 경박한 태도와 끔찍한 표정으로 벨을 누른 방으로 팽이처럼 굴러갔는데, 그 모양새는 에나멜 칠을 한 양동이를 들고 지나가는 종업원들의 눈물까지 쏙 뺄 정도였다. 루이지는 손가락 마디로 문을 두드린 후, 소심한 척 가장하며 백치미가 보일 정도로 공손하게 물었다.

– *Ha sonato, signore?*(벨을 누르셨습니까, 선생님?)

문 뒤에서는 느릿느릿하고 톤은 높고 날카롭지만 화가 날 정도로 예의바른 목소리가 들려왔다.

– *Yes, come in...*(예, 들어오십시오...)

그에게 있어 정말 중요한 이 저녁, 샌프란시스코에서 온 신사는 무슨 생각을 하고, 어떤 감정을 느꼈을까? 그는 뱃멀미를 한 모든 사람들이 그러하듯이, 오직 먹고자 하는 생각뿐이었다. 스프의 첫 숟가락을, 포도주의 첫 모금을 달콤하게 꿈꾸었고, 사색이나 감정을 위한 시간은 배제한 채 일종의 흥분 속에서 몸치장을 끝냈다.

면도와 세수를 하고 의치를 잘 끼운 다음, 여러 개의 거울 앞에 서서 누런 대머리 주위에 남아 있는 진줏빛 머리카락에 물을 묻히고 은장식 빗으로 잘 정돈했다. 그러고는 온갖 영양식 덕분에 살이 찐 허리에 단단한 노구를 꽉 조이게 하는 크림색 실크 보정 속옷을 입고, 건조한 평발에는 검정 실크 양말과 무도회용 구두를 신었으며, 가슴 부분이 강조된 셔츠를 입고 나서, 앉은 채로 검은 바지에 실크 멜빵을 높게 당겨 맸다. 그리고 번쩍이는 커프스 단추를 채웠는데, 빳빳한 칼라가 달린 셔츠의 목 단추를 채우면서 힘들어지기 시작했다. 바닥은 발밑에서 여전히 흔들리고 있었고, 손끝에 심한 통증이 왔다. 목 단추는 가끔씩 목젖 부위에 늘어진 피부를 찔렀으나 그는 집요하게 이 셔츠를 고집했다. 결국 긴장한 탓에 눈은 번득였고, 비정상적으로 팽팽하게 조여진 칼라가 그의 목을 짓누르는 바람에 전신이 잿빛으로 변했다. 기진맥진한 듯 거울 앞에 앉아 자신을 비춰보고 다른 거울에도 비춰 보면서 그는 가까스로 할 일을 마쳤다.

– 오, 정말 끔찍한 일이군!

그는 단단한 대머리를 숙여 보면서, 그리고 뭐가 끔찍한지 생각하지도 않고, 이해하려 노력하지도 않으면서 중얼거렸다. 그러고는 통풍으로 마디가 굳어진 짧은 손가락과 아몬드 색깔의 크고 울퉁불퉁한 손톱을 습관적으로 유심히 쳐다보면서 단언하듯 반복했다.

– 정말 끔찍해…

두 번째의 종소리가 마치 이교의 사원에서 큰 소리로 울리듯 건물 전체에 울려 퍼졌다. 그러자 샌프란시스코에서 온 신사는 서둘러 자리에서 일어나 넥타이로는 옷깃을, 조끼로는 배를 더 바짝 조였다. 그 위에 턱시도를 입고, 커프스 단추를 다시 매만진 후, 한번 더 거울 속의 자신을 들여다봤다… 카르멜라는 백인과 흑인의 혼혈인 듯한 거무스름한 피부에, 가면을 쓴 듯 현혹시키는 눈을 하고, 오렌지색이 주를 이루는 알록달록한 옷을 입고서 독특한 춤을 출 것임에 틀림없었다. 신사는 활기차게 방에서 나와 카펫이 깔린 복도를 따라가 옆방인 아내의 방으로 가서 큰 소리로 준비가 다 끝났는지 물었다.

– 5분이면 돼요!

문 저편에서는 처녀 같은 윤기 있는 목소리가 이미 즐거움에 달뜬 채 울려 퍼졌다.

– 아주 좋아!

샌프란시스코에서 온 신사는 말했다.

그러고는 붉은 카펫이 깔려진 복도와 계단을 따라 천천히 서재를 찾아 내려갔다. 그와 마주친 종업원들은 벽 쪽으로 비켜섰지만, 그는 그들을 보지 못한 듯이 지나쳤다. 그의 앞에는 우윳빛 머리카락에 등이 굽은 할머니가 데콜테 양식의 밝은 회색 실크 드레스를 입고서 식사 시간에 늦은 듯 있는 힘껏 서둘러 가고 있었다. 그 모양새는 암탉 같아서 우스꽝스럽기 짝이 없었다. 신사는 할머니를 쉽게 앞질러 갔다.

신사는 이미 모두 모여 식사를 시작한 레스토랑의 유리문 근처 테이블 앞에 멈춰 섰다. 테이블 위에는 시가와 이집트 산 궐련 상자가 쌓여 있었는데, 그는 커다란 마닐라 담배를 집어 들고 테이블에 3리라를 던져 놓았다. 그리고 걸어가다가 겨울 발코니에 잠깐 나가 서서 열려진 창밖을 바라보았다. 어둠 속에서 그에게로 부드러운 바람이 불어왔다. 나이 많은 야자수의 꼭대기에 엄청나게 큰 잎사귀가 별들을 따라 양쪽으로 펼쳐진 것이 어렴풋이 보였고, 바다에서는 규칙적으로 출렁이는 파도 소리가 저 멀리 들려왔다…

서재는 편안하고 조용했으며, 책상들 위만 밝았다. 거기에 머리가 세고 입센을 닮은 어떤 독일인이 혼자 서서 신문을 읽느라 부시럭거리고 있었다. 그는 둥근 은테 안경을 쓰고, 제 정신이 아닌 듯 놀

란 눈을 하고 있었다. 샌프란시스코에서 온 신사는 그를 차갑게 한 번 쳐다보고는 한 구석 초록색 램프 갓을 씌운 스탠드 옆의 가죽 안락의자에 깊숙이 몸을 묻었다. 그리고 돋보기 코안경을 쓰고, 목을 옥죄는 옷깃으로부터 목을 길게 잡아 늘인 후 자신이 안 보일 정도로 신문을 넓게 폈다. 그는 빠르게 몇몇 기사의 제목을 훑었고, 전혀 휴전의 기미가 보이지 않는 발칸 전쟁에 대한 기사를 몇 줄 읽은 후에 익숙한 제스처로 신문을 넘겼다. 그런데 갑자기 신문의 글자들이 유리 파편처럼 그의 앞에서 번쩍였고, 그의 목은 팽팽하게 굳어졌으며, 눈은 튀어나올 듯했고, 코안경은 코에서 나가 떨어졌...

그는 앞으로 고꾸라졌고, 숨을 들이쉬려고 했으나 거칠게 몰아쉬는 소리만 났다. 아래턱이 빠지면서 입 전체가 금으로 세공한 이빨들로 번쩍였고, 머리는 어깨 쪽으로 떨어지면서 흔들거렸다. 셔츠의 가슴은 상자처럼 돌출됐다. 그는 몸을 비틀거리며 구두 뒤축으로 카펫을 밀어 올리면서 바닥을 기어갔는데, 마치 절망적으로 누군가와 싸우고 있는 듯했다.

서재에 독일인이 없었다면 호텔 측에서는 빠르고 교묘하게 이 끔찍한 사건을 얼버무려 넘어갔을 것이다. 그러니까 순식간에 뒷문으로 샌프란시스코에서 온 신사의 팔다리를 들어 멀리 끌어내 손님들 중 단 한 명도 그가 당한 일을 알아챌 수 없게 했을 것이다. 하지만 독일인은 비명을 지르며 서재에서 뛰쳐나와 호텔과 레스토랑 전체를 시끌벅적하게 만들었다. 많은 사람들이 먹다 말고 뛰어나왔고, 어떤 사람들은 하얗게 질려 서재 쪽으로 뛰어갔으며, "도대체 무슨 일이야?"라는 말이 여러 나라 말로 사방에 울려 퍼졌다. 하지만 그 어느 누구도 명쾌하게 답해 주지 못했고, 그 어느 누구도 제대로 이해하지 못했다. 왜냐하면 사람들은 너무 놀란 상태였고, 누군가의 죽음을 믿으려 하지 않았기 때문이다. 호텔 사장은 이 손님 저 손님을 쫓아다니며 우왕좌왕하는 사람들을 붙잡아 안심시키려고 애를 썼다. 샌프란시스코에서 온 어떤 신사가 잠깐 기절했을 뿐, 별로 대수롭지 않은 일이라고 서둘러 설명하려 했다...

그러나 아무도 그의 말을 듣지 않았다. 호텔 종업원들이 이 신사의 넥타이와 조끼와 구겨진 턱시도를 벗겨 냈고, 많은 사람들이 이 광경을 보았다. 심지어 왠지 모르지만 호텔 종업원들은 검은 실크 양말을 신고 있는 그의 평발에서 무도회용 구두까지 벗겨 냈는데,

사람들은 그것까지 지켜보고 있었다. 신사는 아직 맥박이 뛰고 있었다. 그는 죽음과 끝까지 싸우고 있었다. 너무도 갑작스럽고 잔혹하게 닥친 죽음에 조금도 항복하지 않으려는 듯했다. 그는 머리를 이리저리 떨어뜨리며 흔들었는데, 마치 칼에 찔린 것처럼 새된 소리를 냈으며, 술 취한 사람처럼 두 눈을 치켜떴다...

호텔 측에서는 그를 서둘러 43호실 침대로 옮겨 뉘었는데, 그 방은 가장 작고, 가장 불편하며, 가장 습하고 추운, 아래층 복도 끝에 있는 방이었다. 그의 딸은 풀어 헤친 머리를 하고, 코르셋으로 받치고 있는 가슴을 드러낸 채 달려왔고, 그 다음에서야 식사하러 가려고 옷을 제대로 차려입은 거구의 아내가 공포로 입을 벌린 채 뛰어들어 왔다... 그때 신사는 고개를 이리저리 흔드는 것조차 멈춘 후였다.

15분이 지나자 호텔에서는 모든 것이 어느 정도 정상화되었다. 그러나 저녁 파티는 분위기가 깨져서 돌이키기 힘들었다. 몇몇 사람들은 레스토랑으로 돌아가서 식사를 하기도 했으나 불쾌한 얼굴을 한 채 침묵으로 일관했다. 그러는 사이에 상당히 초조함을 느끼고 있던 무력한 호텔 사장은 이 사람 저 사람에게로 가서 자신이 죄 없는 죄인이라는 듯 어깨를 들썩였다. 그리고 '이것이 얼마나 불유쾌한 일인지' 너무도 잘 이해하고 있다고, 또 '이 불유쾌한 사건의 정상화를 위해 가능한 모든 조치를 취할 것'이라고 약속했다. 타란텔라는 취소되었고, 불필요한 전등은 소등되었다. 대다수의 손님이 도시로, 술집으로 가 버려서 호텔은 고요한 상태가 되었다. 호텔의 로비에서는 시계의 째깍거리는 소리만이 들려올 뿐 정적이 흘렀다. 로비의 새장

속 앵무새 한 마리만이 위쪽에 있는 횃대에 두 발을 어설프게 올려놓고 졸린 듯 무표정하게 무언가를 중얼거리고 있었다...

샌프란시스코에서 온 신사는 싸구려 철제 침대에 조야한 모직 담요를 덮고 누워 있었다. 그 담요 위를 천장의 전등 하나가 어스름하게 비추고 있었다. 얼음 주머니가 그의 식은땀 때문에 차가운 이마에서 약간 미끄러져 내려왔다. 이미 죽은 듯한 회청색의 얼굴은 점점 식어 갔고, 벌어진 입에서는 금이빨이 반사되어 번쩍거렸으며, 그르렁거리는 신음도 점점 약해져 갔다. 하지만 이것은 샌프란시스코에서 온 신사가 내는 소리가 아니었다. 그는 더 이상 존재하지 않았으므로, 다른 이가 내는 소리였다. 아내, 딸, 의사, 여종업원이 서서 그를 쳐다보고 있었다. 갑자기 그들이 기다리고 두려워하던 일이 현실로 되자 그 소리도 뚝 그쳤다. 그리고 그들의 눈 속에서 천천히, 천천히 죽은 자의 얼굴을 따라 창백함이 흘렀고, 그의 형상은 날카로워졌다가 다시 밝아지기 시작했다...

호텔 사장이 들어왔다. "*Gia e morto*(이미 돌아가셨습니다)"라고 의사가 그에게 귓속말로 말했다. 사장은 무감각한 표정으로 어깨를 으쓱해 보였다. 부인의 뺨에서는 조용히 눈물이 흘러내렸고, 그녀는 호텔 사장에게로 가서 이제 고인을 그의 방으로 옮겨야 한다고 말했다.

– 안 됩니다, 부인.

사장은 서둘러 정중하게, 하지만 이미 모든 친절함은 사라진, 영어가 아닌 프랑스어로 말했다. 샌프란시스코에서 온 가족들이 그의 주머니를 채울 수 있다는 따위의 사실에는 더 이상 관심이 없었던 것이다.

 - 그것은 완전히 불가능한 일입니다, 부인.

 그는 자신이 이 호텔을 매우 귀하게 생각하고 있으며, 만일 그녀의 요구를 들어줬다가는 카프리 섬 전체에 이 사실이 알려져 모든 관광객들이 이곳을 기피하게 될 것이라는 설명을 덧붙였다.

 호텔 사장을 이상한 눈으로 쳐다보고 있던 딸은 급기야 의자에 앉아 손수건으로 입을 막고 오열하기 시작했다. 부인의 눈물은 바로 말라 버렸고, 얼굴은 불타오르기 시작했다. 그녀는 자신들에 대한 존경심이 순식간에 사라져 버린 것을 믿지 못하겠다는 듯이 목소리 톤을 높여 자신의 모국어로 요구하기 시작했다. 호텔 사장은 예의와 품위를 지켜가며 그녀를 모욕했다. 만일 부인이 이 호텔의 규율이 맘에 들지 않는다면 그는 그녀를 붙잡을 이유가 없다는 것이었다. 시신은 오늘 동틀 무렵에는 호텔에서 내보내져야 하며, 경찰에는 이미 통보했으므로 경찰 책임자가 와서 곧 필요한 수속을 밟을 것이라고 단호하게 통보했다...

 - 부인께서는 간단하게라도 제대로 만들어진 관을 카프리 섬에서 구할 수 있는지 물으셨죠? 안타깝게도 구할 수 있는 방법이 없습니다. 지금은 아무도 만들어 낼 재간이 없으니, 다른 방법을 찾아야 합니다... 이를테면 우리는 크고 긴 궤짝에 영국 소다수를 받고 있는데, 이 궤짝에서 칸막이를 빼낼 수는 있습니다...

밤새도록 호텔은 깊은 잠에 빠져 있었다. 43호실의 창문은 정원의 한 귀퉁이 쪽으로 나 있었는데, 거기 깨진 유리 조각을 빗처럼 꽂아 놓은 높은 담벼락 위로 볼품없는 바나나 나무가 자라고 있었다. 호텔 종업원들은 창문을 열어 놓고, 전등을 끄고는 문을 열쇠로 잠그고 가 버렸다. 고인은 어둠 속에 혼자 남겨져 있었다. 하늘에서 파란 별들이 그의 몸을 바라보고 있었고, 벽에 붙어 있는 귀뚜라미 한 마리가 태평하게 구슬픈 소리로 울고 있었다....

어두침침한 복도에는 두 명의 여종업원이 창틀에 앉아서 무언가를 깁고 있었다. 루이지가 구두를 신고 손에는 옷 한 더미를 들고 들어왔다.

– *Pronto?*(준비됐나?)

그는 눈으로 복도 끝에 있는 무시무시한 방문을 가리키면서 걱정스럽게 속삭여 물었다. 그러고는 그쪽을 향해 빈 손을 가볍게 흔들었다.

– *Partenza!*(출발!)

그는 마치 기차를 배웅이나 하듯이 속삭이듯 외쳤다. 보통 이탈리아의 기차역에서는 기차가 출발할 때 그렇게 외친다. 여종업원들은 소리없이 서로의 어깨에 머리를 맞대고 웃었다.

그런 다음, 그는 조용히 뛰듯이 문 쪽으로 달려가 문을 살짝 두드렸고, 고개를 비뚜름히 숙이고는 속삭이듯이 작은 소리로 최대한 예의 바르게 물었다.

– *Ia sonato, signore?*(부르셨습니까, 선생님?)

그리고 목을 누르고, 아래턱을 내밀며, 더 거친 목소리로 천천히 구슬프게 자기 자신에게 대답했다. 마치 문 뒤에서라도 나는 듯이 말이다.

- *Yes, come in...*(예, 들어오세요...)

새벽녘이 되자, 43호실 창문 너머로 하늘이 희미하게 밝아오기 시작했고, 습한 바람이 불어와 찢어진 바나나 잎사귀가 사그락거렸다. 파란 아침 하늘이 카프리 섬 위로 펼쳐졌고, 몬테 솔라로 산의 깨끗하고 또렷한 정상은 이탈리아의 푸른 산들 저편에서 떠오르는 태양에 반사되어 황금빛으로 반짝거렸다. 그때 석공들이 관광객들을 위한 오솔길을 손보러 출근하는 길에 소다수가 들어 있었던 긴 궤짝을 43호로 가져다 놓았다. 순식간에 궤짝은 무거워져서, 궤짝을 옮기는 젊은 직원의 무릎을 세게 짓눌렀다. 그는 한 마리 말이 끄는 마차에 그것을 신속하게 실었고, 마차는 카프리 섬의 경사면 돌담과 포도밭 사이에 구불구불하게 앞서거니 뒤서거니 나 있는 흰 자갈길을 따라 계속 아래로 아래로 내달려 바다가 있는 곳까지 내려왔다.

약골인 마부는 소매가 짧은 낡은 자켓을 입고 다 헐어 빠진 신발을 신고 있었으며 두 눈은 붉게 충혈되어 있었는데, 밤새도록 술집에서 벌인 도박과 숙취 탓이었다. 그는 자신의 건장한 말한테 연신 채찍질을 해댔다. 그 말은 시칠리아 식으로 장식을 했는데, 색색의 털 뭉치로 장식된 굴레 위에는 다양한 방울들이 재잘재잘 울렸고, 높은 구리 안장의 날카로운 끝에는 1아르쉰[71.12센티미터]은 될 법한 새의 깃털이 달려 있어 짧은 갈기에서 돌출되어 흔들거리고 있었다.

마부는 말이 없었다. 밤새도록 놀음하느라 마지막 동전 한 푼까지 탕진한 자신의 방탕함과 어리석음으로 기가 죽어 있었다. 하지만 아침은 신선했고, 그 공기와 아침 하늘 아래 바다에서 느껴지는 신선함에 숙취가 말끔하게 사라지자 인간 본연의 태평함이 되살아났다. 그리고 등 뒤 궤짝 안에서 죽은 머리를 흔들고 있는 샌프란시스코에서 온 신사인지 하는 이로부터 생긴 예기치 못한 부수입이 마부에게 제법 위안을 주었다...

작은 증기선 한 척이 나폴리 만을 짙게 꽉 메운 선명한 파란색 바다 저 멀리 아래 쪽에 딱정벌레처럼 붙어 있었고, 이 배는 벌써부터 마지막 기적을 울리고 있었다. 기적 소리는 우렁차게 섬 전체에 울려 퍼졌다. 섬의 굽이굽이 길들과 모든 밭이랑과 돌들이 너무 또렷하게 보이는지라 마치 공기조차 없는 듯이 느껴졌다.

눈물과 불면 때문에 눈이 충혈된 창백한 딸과 부인은 자동차를 타고 달려가 부두 근처에서 마차를 따라잡았다. 그리고 10분 후에 여객선은 요란한 소리를 내며 다시 물살을 가르기 시작했고, 소렌토와 카스텔라마레로 향했다. 그렇게 샌프란시스코에서 온 가족은 영원히 카프리 섬을 떠나게 되었다... 그제서야 섬에는 다시금 평화와 고요가 깃들게 되었다...

이 섬에는 2천년 전 자신의 음욕을 만족시키기에만 급급했던 말할 수 없이 혐오스러운 한 인간이 수백 만의 인간에게 수단과 방법을 가리지 않고 온갖 잔혹함을 자행했고, 자신의 권력을 행사하며 살았었다.[24] 인류는 영원히 그를 되새기며, 그가 살았던 돌집의 잔

---

[24] 티베리우스 황제를 의미한다.

해를 보기 위해 세계 각지에서 많은 사람들이 섬의 가장 가파른 언덕 중 하나로 모여들고 있다.

 이 멋진 아침에도 바로 이 돌집을 보려고 카프리 섬을 찾은 사람들이 아직 호텔에서 잠을 자고 있었다. 호텔 인부들은 빨간 안장을 얹은 작은 회색 당나귀들을 호텔 현관 쪽으로 끌어다 놓는데, 오늘 젊은 혹은 나이 든 미국인이나 독일인 관광객들이 일어나서 아침 식사를 충분히 한 후, 이 당나귀들을 타고 자갈길과 산길을 따라 바로 몬테티베리오 산 정상까지 올라갈 예정이다. 카프리 섬의 거지 노파들이 힘줄이 드러난 손으로 지팡이를 짚고는 그 지팡이로 당나귀들을 몰아 갈 것이었다.

 그들과 함께 산에 오르려고 준비했던 샌프란시스코에서 온 고인이 된 노인은 산에 오르는 대신 나폴리로 향했다. 그의 죽음에 여행객들은 공포에 휩싸이긴 했으나, 고인이 이미 나폴리로 보내졌다는 사실에 안심하고는 바로 깊은 잠에 빠져들었다. 섬은 아직 고요했고, 도심의 상점들은 아직 닫혀 있었다. 작은 광장에 있는 시장에서만 생선과 야채를 팔고 있었고, 거기에는 평범한 사람들만이 있었는데, 그중 키가 큰 뱃사공 노인 로렌초가 항상 그러하듯이 아무것도 하지 않은 채 서 있었다. 그는 잘생긴 무사태평 방랑자로서 많은 화가들의 모델로도 여러 번 일해서 이탈리아 전역에서 모르는 사람이 없을 만큼 유명했다. 그는 샌프란시스코에서 온 가족이 묵었던 그 호텔 요리사의 앞치마에서 팔딱거린 왕새우 두 마리를 밤새 잡아서 시장에 가져와 이미 헐값에 팔았기 때문에 저녁까지 편안하게 빈둥댈 것이다. 짜르의 포즈로 주위를 둘러보면서, 누더기 옷에, 점토 담뱃

대, 한쪽 귀를 덮는 빨간 모직 베레모를 과시하면서 말이다.

몬테솔라로 산의 절벽을 따라, 그 절벽을 깎아 만든 고대 페니키아 길을 따라, 그 길에 난 돌계단을 따라 아나카프리에서 두 명의 아브루초 산악인이 내려오고 있었다. 가죽 외투를 입고 있는 사람은 염소 가죽으로 만든 바람통에 두 개의 피리가 달린 백파이프를 들고 있었고, 다른 사람은 나무로 만든 팬플루트와 비슷하게 생긴 악기를 들고 있었다. 그들은 걸어 내려오고 있었는데, 그 발 아래로 기쁨이 넘치고 아름답고 햇살 가득한 나라 전체가 쭉 뻗어 있었다. 그들의 발 아래 전체를 차지하고 있는 돌로 된 둔덕들, 신사가 항해했던 동화 같은 푸른 바다, 동쪽 바다 위로 점점 떠오르면서 뜨거워진 눈부신 태양과 그 아래서 반짝이는 아침 안개, 안개 낀 아침이라 아른거리는 감청색의 멀고 또 가까운 이탈리아의 희뿌연 산들, 이 모든 아름다움을 표현하기에 인간의 언어란 무력하기 짝이 없다.

중간 지점에서 그들은 발걸음을 늦추었다. 길 위 몬테솔라로 산의 절벽에 있는 동굴에는 흰 눈 같은 석고 옷을 입고 악천후로 녹이 슨 금색 왕관을 쓰고 있는 성모 마리아 상이 햇빛을 받아 반짝이며 서 있었기 때문이다. 성모상은 온화하고 자비로운 모습이었고, 두 눈은 축복받은 아들의 영원하고 성스러운 거처인 하늘을 향하고 있었다. 그들은 모자를 벗고, 태양에, 아침에, 이 악하고도 아름다운 세상에서 고통 받는 모든 이들의 순결한 수호자인 성모 마리아에게, 그리고 먼 유대의 땅 베들레헴의 동굴 속 가난한 목자의 은신처에서 성모 마리아의 배 속에서 탄생하신 그분에게 순수하고 온화하면서도 기쁨이 넘치는 찬양을 올렸다...

샌프란시스코에서 온 노인의 시체는 집으로, 신세계라 불리는 미국의 해안에 있는 묘지로 돌아가고 있었다. 일주일을 이 창고에서 저 창고로 옮겨 다니면서 많은 모욕과 멸시를 당한 후에야 비로소 불과 얼마 전 그를 극진히 대접해 가면서 구세계로 불리는 유럽으로 모셔 온 바로 그 유명한 여객선에 오르게 된 것이다. 하지만 그때와는 달리 살아 있는 사람들로부터 격리되어 옻칠을 한 관에 넣어져서는 칠흑 같은 선저 깊은 곳으로 끌어내려졌다.

그렇게 배는 다시금 자신의 먼 항로를 따라 떠났다. 밤에는 카프리 섬 옆을 지나게 되었는데, 어두운 바다에서 서서히 사라지고 있었던 배의 불빛들은 섬에서 배를 바라보고 있던 사람들에게 매우

처량해 보였다. 하지만 정작 배에서는 항상 그러하듯이 샹들리에로 번쩍이는 화려한 홀에서 그 밤에도 많은 사람들이 시종일관 무도회를 즐기고 있었다.

 무도회는 다음 날에도 그 다음 날에도, 연일 계속되었다. 바다는 장례식 미사처럼 통곡 소리를 내고 장례식의 인산인해의 인파처럼 은빛 거품을 일으키며 광포하게 소용돌이쳤는데, 그 가운데서도 무도회는 계속되었다. 두 세계의 경계를 이루고 있는 암초의 협곡인 지브롤터 해협에서 악마만이 어둠과 회오리 속을 떠다니는 유람선을 좇고 있었고, 악마의 눈에만 눈보라 너머로 유람선의 불 켜진 수많은 창문들이 들어왔다.

악마는 깎아지른 절벽만큼이나 거대했다. 하지만 배 역시도 거대했다. 많은 돛을 달고, 많은 굴뚝을 가지고 있는 이 배는 구세계의 사고방식을 가진 신세계 인간의 교만으로 건조된 배였다. 눈보라가 배의 삭구와 눈으로 허옇게 된 큰 구멍의 굴뚝을 때리며 휘몰아쳤지만 배는 단단하고 견고했으며 거대했고 무시무시했다.

여객선의 가장 꼭대기 갑판 위에는 눈보라 속에서도 안락한 선실들이 약한 불빛을 내면서 외롭게 우뚝 솟아 있었다. 거기에는 이교의 우상을 닮은 육중한 선장이 예민하고 불안한 몽상에 잠긴 채 위엄 있게 앉아 있었다. 그는 폭풍우에 질식된 사이렌의 고통스러운 울음과 광포한 비명을 듣고 있었지만, 그의 벽 너머에 장갑한 선실이 있다는 사실에 위안을 삼았다. 거기에서 이루어지는 일들을 정확히는 모르지만 거기엔 비밀스러운 소음과 진동이 있었고, 머리에 금속 머리띠 같은 것을 낀 창백한 얼굴의 교환수 주위에는 파란 불꽃이 튀는 소리가 끊임없이 넘쳐나고 있었다.

한편 배의 가장 밑바닥, 즉 아틀란티스 호의 자궁에서는 천 뿌드^{약16톤}의 거대한 보일러와 다른 기계들, 그리고 지옥의 아궁이처럼 아래까지 달구어진 화로들이 어슴프레 달구어진 철로 번쩍거렸고, 증기로 쉭쉭 소리를 냈으며, 증기와 기름이 뒤범벅되어 방울져 떨어졌다. 바로 이곳이 여객선의 동력을 만들어 내는 곳으로서, 배의 가장 밑바닥으로 전달되어 집결된 무시무시한 힘들이 들끓고 있었다. 이곳은 전깃불이 희미하게 비치고 있었을 뿐 끝없이 길고 둥근 지하터널 같았다. 살아 있는 괴물 같은 거대한 회전축이 이 터널에 총구처럼 뻗어 있었고 기름 범벅이 되어 인간의 영혼을 압박하는 절대적 힘으로 회전하고 있었다.

한편 '아틀란티스 호'의 중간을 차지하고 있는 레스토랑과 댄스홀에서는 빛과 기쁨이 넘쳐 흘렀다. 여기서는 한껏 차려입은 사람들의 말소리로 웅성거렸고, 신선한 꽃들로 좋은 향기가 가득 차 있었고, 현악 오케스트라의 음악이 울려 퍼졌다. 그리고 다시 예의 교활하고 교묘한 한 쌍의 고용된 연인이 그 인파와 불빛, 실크 드레스와 다이아몬드 목걸이, 어깨를 드러낸 여인들의 번쩍거림 사이에서 괴로울 정도로 교태를 부리며 몸을 구부렸고 때로는 불안하게 부딪히기도 했다. 그 한 쌍은 처진 눈썹에 소박한 머리모양을 한 청순한 듯 겸손해 보이는 젊은 여인과 큰 키에 딱 붙여 빗어 넘긴 검은 머리를 한 젊은이였다. 이 젊은이는 분을 발라 창백해 보였으며 광택이 있는 세련된 구두를 신고 있었으며 꼬리가 좁고 긴 연미복을 입은 미남이었지만, 마치 거대한 흡혈귀처럼 보였다.

하지만, 이 한 쌍의 연인이 낯뜨겁게 우울한 음악에 맞춰 춤을 추며 행복에 겨운 고통을 가장하는 것에 이미 오래 전부터 싫증이 났다는 사실을, 또 그들 아래 깊고 깊은 곳 어두운 선저 바다, 그러니까 힘겹게 암흑과 바다와 눈보라를 이겨낸 여객선의 어두운 핵에 인접한 그곳에 무엇이 있는지를 아는 사람은 아무도 없었다…

(1915년 10월)

이반 부닌의 생애와
작품 해설

김선명

이반 부닌의 생애

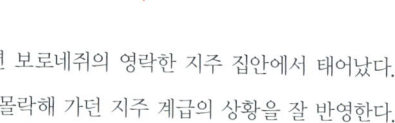

이반 부닌은 1870년 보로네쥐의 영락한 지주 집안에서 태어났다. 그의 어린 시절은 19세기 말 몰락해 가던 지주 계급의 상황을 잘 반영한다. 그의 집안은 악화되는 경제 사정 때문에 오룔 지방으로 이사하여 1874-1886년까지 살았으며, 1887년 이후에는 오제르끼 지방에서 3년간 거주했다. 부닌은 11살(1881)에 김나지움에 입학했으나 집안 사정으로 자퇴하였다. 이러한 어린 시절의 경험은 시골과 도시의 대립, 시골 생활에 대한 향수 등 그의 작품에서 뚜렷한 자취를 남기게 된다.

한편 부닌의 교육에 영향을 미친 것은 그의 가정교사 로마쉬꼬프와 그의 형 율리, 그리고 모스끄바 남부 출신의 똘스또이, 뚜르게네프, 레르몬또프, 페프 등 19세기의 문인들이었다. 특히 오룔 지방에서의 전원생활은 그에게 자연의 소리, 색채 등을 가르쳐 주었으며, 이러한 영향으로 한때 화가가 되려고 마음먹은 적도 있었다.

1888년 부닌은 대학 진학을 포기하고 1889년 〈오룔 통보 **Орловский вестник**〉에서 교정 업무를 보게 된다. 여기에서 그는 바르바라 파셴꼬와 연애를 하게 되나 그녀의 집안에서 반대하자 그녀와 함께 뽈따바로 몰래 떠난다. 그곳에서 그는 우끄라이나의 삶에 구체적으로 다가서게 되고, 1891년의 기근 및 1892년의 콜레라 창궐 등으로 인한 농촌의 피폐와 농촌 공동체의 전면적인 집단 이주 현상을 관찰하게 된다. 이러한 체험은 나중에 자전적 작품 〈아르세니예프의 삶 **Жизнь Арсеньева**〉에 표현된다.

부닌은 초기에 주로 시 창작과 시 번역에 몰두하였다. 1887년 문단에 데뷔하여 1891년 〈오룔 통보〉에서 그의 시선집이 출판되었고, 그의 단편 소설 〈딴까 Танька〉(1892)가 비평가 미하일롭스끼에 의해 좋은 평을 받았다. 1895년 그는 뻬쩨르부르그와 모스끄바를 방문했고, 그후 롱펠로우의 시를 번역하기 시작했다.

1893-1894년 사이에 부닌은 똘스또이의 사상에 심취했고, 그의 서적을 불법으로 판매했다는 이유로 3개월의 감옥 생활을 하기도 한다. 하지만 종국에는 맹목적인 똘스또이주의를 불신하게 되고, 이러한 경험은 〈별장에서 На даче〉, 〈8월에 В августе〉에서 잘 나타난다.

1895년 부닌은 안똔 체홉과 교류를 시작하고, 부류소프 등 상징주의 시인들과 교류하게 된다. 이후 부닌은 〈세상 끝으로 На край света〉를 발표하면서 산문 작가로 널리 알려지게 된다.

1898년 부닌은 오데사의 신문사 〈남부 평론 Южное обозрение〉에서 일하게 되고, 거기에서 안나 짜끄니와 만나 결혼하지만 2년 만에 헤어지고, 이후 프랑스에서 베라 니꼴라예브나 무롬쩨바와 만나 사실상 혼인관계에 들어서게 된다. 하지만 합법적인 결혼식을 올리게 되는 것은 그로부터 15년 후의 일이다.

1900년 10월부터 부닌은 해외여행을 본격적으로 시작한다. 그는 베를린과 파리, 뮌헨, 비엔나 등을 방문하고 모스끄바로 돌아와 새로운 창작의욕으로 작품 활동에 임한다. 이때 고리끼와 사귀게 되었고, 1890년에 쓴 〈안또노프 사과 Антоновские яблоки〉를 고리끼가 주관하던 잡지 〈삶 жизнь〉에 발표한다(1900). 1901년에는 시선집 〈낙엽 Листопад〉을 출판하는데, 1903년 뿌쉬낀 상을 수상하는데 큰 역할을 했다.(이후 1909년 뿌쉬낀 상을 한번 더 수상한다.) 하지만 부닌과 문인들과의 관계는 그리 원만하지 못했다. 그는 당대 문단의 경향에서 벗어나 자신의 독자적인 위치를 고수했으며, 이로 인한 고독한 생활은 저작 초기부터 망명 이후까지 이어진다.

1903년 부닌은 터키와 프랑스, 이탈리아, 1907년에는 중동지역과 북아프리카를, 1910년에는 터키와 이집트, 1910-1911년에는 이집트와 레바논, 실론, 싱가폴을 여행하였으며, 그의 이러한 여행 편력은 러시아 작가들 중에서도 드문 경우에 속한다.

한편 그의 사적인 삶에서 큰 사건은 1904년 부친의 사망과 1910년 모친의 사망이었다. 특히 1904-1906년에 그는 부친과 자식 그리고 안똔 체홉의 사망을 경험하게 됨으로써 죽음에 대한 강한 인상을 받게 된다.

부닌의 창작 과정에서 전환점을 이룬 것은 1910년이었다. 〈마을 **Деревня**〉이 발표되면서 그의 시는 산문에 가려 빛을 잃고, 그는 이와 유사한 주제의 많은 산문을 발표하여 큰 명성을 얻게 된다. 심지어 고리끼는 그를 가리켜 '우리 시대의 가장 훌륭한 작가'라고 말할 정도였다.

1920년 부닌은 프랑스로 망명하였다. 그는 러시아의 망명 문인들의 사회에서 주도적인 역할을 담당하였으며, 1920년 파리에서 결성된 러시아 작가 동맹의 의장직을 맡기도 했다. 그는 1924년에 〈아르세니예프의 삶〉의 집필에 몰두하였다. 이 작품의 결과로 1933년 부닌은 노벨 문학상을 수상하게 되었고 망명 작가들에게 고무적인 현상으로 받아들여진다. 하지만 그 이후 부닌의 작품은 비평의 관심을 끌지 못하였다.

1950년 부닌은 〈회고록 **Воспоминания**〉을 출판하였고, 1953년 11월 8일에 사망하였다. 그리고 사후 15년 후부터 그의 작품이 소연방에서 출판되기 시작하였다.

이반 부닌의 작품 세계

그의 초기 작품이 가지고 있는 주요 테마는 19세기 고전 작가들의 리얼리즘을 계승하는 것으로 소작인과 지주들의 삶과 과거에 대한 향수 등이 주를 이루었다. 그러나 1920년 러시아를 떠나 망명한 후, 그는 외국에서의 삶과 이국적 광경을 주로 묘사하였다. 〈샌프란시스코에서 온 신사〉 등이 그러하며, 이후 그의 주요 테마는 삶과 죽음에 관한 통찰 등 철학적으로 확대된다.

그의 문학적 이력은 1895년 그의 나이 25세 때에 시작된다. 그는 특히 시 번역과 시 창작으로 뿌쉬낀 상을 두 번이나 수상하며, 1910년 러시아 시골에서의 삶 이야기를 다룬 소설 〈마을〉로 큰 명성을 얻는다. 이 시기에 그의 위대한 단편들 〈샌프란시스코에서 온 신사〉, 〈사랑의 문법 Грамматика любви〉, 〈창의 꿈 Сны Чанга〉 등을 탄생시킨다. 그러던 중 1917년 혁명을 겪으면서 삶과 문학의 전기를 맞게 된다. 즉 1920년, 그의 나이 50에 망명과 더불어 서유럽에서의 새로운 문학적 경력을 시작하게 되는데, 이 시기에 그의 천재성은 만개한다. 이 창작의 황금시대에는 수많은 단편들과 〈미짜의 사랑 Митина любовь〉등의 중편, 프루스트적 자전 소설 〈아르세니예프의 삶〉을 집필한다. 그의 마지막 작품인 〈어두운 오솔길 Тёмные аллеи〉은 그의 생전에 빛을 발하지 못하였으나, 부닌은 이것을 자신의 최고 작품으로 소중히 했다. 이 작품은 사랑에 관한 38편의 단편들로 구성되어 있으며 불행한 결말 속에 많은 삶과 죽음의 진리를 폭로하고 있다.

그의 노벨상 수상은 〈마을〉을 비롯한 초기 단편 소설들과 〈아르세니예프의 삶〉에 주어진 것이라 볼 수 있다. 〈마을〉은 무지와 빈곤으로 황폐한 혁명 전야 러시아의 농촌과 농민을 생생하게 그린 작품이며, 〈샌프란시스코에서 온 신사〉, 〈마른 골짜기 Суходол〉, 〈창의 꿈〉, 〈이그나뜨 Игнат〉, 〈자하르 보로비요프 Захар Воробьёв〉, 〈훌륭한 인생 Хорошая жизнь〉, 〈인생의 잔 Чаша жизни〉, 〈안또노프 사과〉 등의 대표작을 통해 19세기 리얼리즘을 20세기에 잘 계승시킨 작가로 각인되었다. 그의 작품 세계는 뚜르게네프, 체홉, 똘스또이 등의 영향 아래에 있으며, 개인적 삶으로부터 예술적 영감을 이끌어 냈다. 따라서 그의 단편들은 19세기 말과 20세기 초의 러시아, 즉 그가 유년 시절을 보냈던 시기로 설정되거나 그가 머물렀던 유럽, 아프리카, 아시아로 설정된다. 그의 작가로서의 추진력이 리얼리스트들의 전통에 있음을 그의 작품들에서 찾아볼 수 있다.

부닌은 화가가 되고자 한 적이 있었으며, 그의 작품 속에서 그의 회화적 의지는 강하게 드러나고 있다. 산문보다는 덜 알려진 그의 시 속에는 자연의 풍부함, 그것의 우울한 아름다움, 외로움, 죽음 등이 잘 묘사되어 있다. 그의 시는 유창하게 쓰여졌지만 굉장히 정적이고 단조롭다. 이러한 그의 시에서 나타나는 산문성은 1910년대 상징주의에 대한 반작용으로 읽혀진다.

반면 부닌의 산문은 그의 시보다 더욱 시적이다. 여기에서 그가 러시아어의 대가임이 밝혀진다. 그의 대부분의 작품은 서정적 모놀로그이며, 만연체로 삶과 자연을 묘사한다. 그의 산문은 분위기를 창조하는 마술적 힘을 가지고 있으며 동시에 지루하지 않으며 항상 팽팽한 긴장을 가지게 한다. 그의 풍부한 시정은 그의 산문에서 잘 드러나는데, 특히 인간 삶의 양상을 정확히 관취하고 인간 심리를 정확하게 구상화하였다는 점에서 체홉과 비견할 수 있다.

부닌의 혁명 전 작품들은 사라져 가는 과거에 대한 서정적 비가이며, 과거 농노제 아래 러시아의 초상이다. 그의 초기 작품 중 〈안또노프 사과〉(1900)가 그 대표적 작품으로서 서정적인 따뜻함과 자연의 충만한 아름다움으로 가득 차 있다. 그는 〈마른 골짜기〉와 〈마을〉에서 또한 과거를 회상한다. 이렇듯 그의 사랑과 증오의 대상이었던 러시아는 그의 예술 자체이다. 그가 러시아를 떠났을 때 그는 불가피하게 추상적이고 감상적이게 된다. 그의 망명 시절은 그의 예술이 데카당트적인 경향을 가지게 만들었다. 이 시기에 죽음이라는 테마와 더불어 사랑의 테마는 그의 중요한 상상력의 토대가 된다. 〈일사병 Солнечный удар〉, 〈미쨔의 사랑〉, 〈어두운 오솔길〉 등에서 나타나는 사랑의 양상은 그의 삶과 죽음의 철학을 잘 보여 준다.

한편 그의 작품 세계는 초기와 후기로 확연히 구분된다. 초기 작품에서 그는 문명과 자연의 대립적 양상을 폭넓게 그려내고 있다. 그는 지방의 농촌에서 몰락해 가는 지주의 삶과 도시의 삶 속에서 물질화되어 가는 자본주의 문명의 한계를 그린다. 여기에는, 인간은 자연을 떠나서는 살 수 없다는 더 큰 메시지가 담겨 있다. 이와 같이 그는 도시 문명과 자연의 대립 속에서 인간의 삶과 죽음을 성찰하는 것이다.

그의 후기 작품들은 사랑과 고독의 테마로 바뀐다. 그의 많은 작품들이 사랑을 테마로 쓰여져 표면적으로 초기 작품들과 큰 차이가 있어 보이지만, 그것은 단순한 사랑이야기가 아니며 그 속에서 인간의 삶과 죽음을 성찰하고 인간의 내면세계와 본질을 심오하게 파헤친다는 점에서 초기의 테마와 궁극적으로 크게 다르지는 않다.

〈샌프란시스코에서 온 신사〉

부닌은 1900년대부터 유럽과 동양을 여행하면서, 다시 말해 식민지 상태에 있던 여러 나라를 접하게 되면서 사고의 전환을 맞게 된다. 동양의 문화를 체험한 후 불교에 대해 관심을 가지게 되었고, 〈창의 꿈〉을 비롯한 작품 전반에서 삶과 죽음에 대한 성찰이 지속적으로 다루어지고 있다. 한편 아시아 식민국가의 실상을 접한 후 부닌은 자본주의와 제국주의에 대해 새로이 인식하게 된다. 〈샌프란시스코에서 온 신사〉와 〈형제들 Братья〉을 비롯해 이후 작품들에는 자본주의, 제국주의에 대한 비판과 경고가 두드러지게 나타난다.

1900년대 유럽과 동양을 여행하면서 유럽의 자본주의 사회와 식민 아시아의 삶과 질서를 목도하게 된다. 당대 세계는 유럽과 미국 중심의 제국주의 국가와 아프리카, 아시아, 라틴아메리카 등의 식민지 국가로 양분되어 있었다. 부닌은 유럽과 미국의 자본주의가 제국주의로 변질되어 가는 과정을 보고 여행하면서 식민국가에서 자행되는 반도덕성, 반인륜성을 깨닫게 된다.

이와 같이 자본주의와 제국주의는 역사적인 역학 관계를 가지고 있다. 〈샌프란시스코에서 온 신사〉는 자본주의, 〈형제들〉은 제국주의에 대한 비판이 주를 이루고 있는데, 부닌은 이 작품들을 통해 단순히 비판과 경고의 메시지만 보내는 것이 아니라 이를 통해 문명 발전과 인류의 영원한 문제들을 화두로 던지고 있다.

〈샌프란시스코에서 온 신사〉의 주인공은 자본주의가 낳은 전형적인 인물이다. 그는 평생 동안 부의 축적만을 목표로 살아온 사람으로 이름조차 주어지지 않을 정도로 자본주의 사회를 대표하는 군상 중 한 명일 뿐이다. 신사는 자본주의의 소산인 물신주의를 표상하는데, 그는 모든 것을 돈으로 해결할 수 있다고 믿고 있는 것이다. 그가 타고 있는 아틀란티스 호는 자본주의 사회의 축소판이다. 이 배에서 먹고 마시고 즐기며 향락에 빠져 있는 군상들의 묘사는 자본주의 사회 상류층의 모습을 대변한다.

지나친 물신주의의 문제는 무엇인가. 신사가 보여 주고 있듯이 삶에 대한 성찰이 없고, 삶의 진실함이 존재하지 않는다는 것이다. 삶과 죽음, 신의 존재, 죄의 회개 등에 대한 성찰이 없다는 것이다. 그들은 신의 존재를 인정하지 않는다. 작가는 아틀란티스 호의 선장을 '이교의 수장'으로 비유함으로써 우상을 숭배하는 자본주의 군상의 모습을 보여 준다. 그 우상은 다름 아닌 '돈', 즉 '자본'이다. 한편 그들이 즐기는 향락은 허영과 가식일 뿐이다. 작가는 매수된 한 쌍의 연인을 강조함으로써 사랑조차도 거짓으로 행하는 자본주의, 물신주의의 '진실의 부재'를 보여 준다.

이러한 자본주의는 착취를 대가로 얻어진 것이다. 작가는 아틀란티스 호를 양분시켜 묘사하여 이러한 실상을 파헤친다. 즉 배의 호화로운 갑판과는 달리 그것을 지탱하고 있는 것은 밑바닥에 존재하고 있는 노동이다. 노동은 신성한 것이며 문명의 반대 개념으로 자연의 편에 서 있다. 한편 배와 대치하고 있는 바다의 모습도 자연의 위력을 보여 주는 메타포이다. 이 작품에서 끊임없이 대비되고 있는 자본주의 문명과 자연의 모습은 작가가 궁극적으로 무엇을 말하고자 하는지 알 수 있는 부분이다.

자연은 신과 동일 선상에 있다. 인간은 신, 자연 앞에 겸손해야 하며, 그것에 순응하며 살아야 한다. 신사는 결국 죽음이라는 운명을 맞게 되고, 그는 유럽여행을 시작하던 때와는 정반대의 상황이 된다. 호화로운 관이 아닌 소다수 박스에 몸을 누이고, 동일한 배의 호화로운 갑판이 아닌 밑바닥에 처박힌 채 다시 고국으로 돌아가게 된다. 이 역시도 가차 없는 자본주의의 단면이다. 이러한 신사의 운명을 통해 작가는 자본주의 사회를 대표하는 인물의 공허하고 무의미한 삶을 보여주는 것이다.

작가가 궁극적으로 지향하는 바는 신을 향해 나아가는 삶을 살아야 한다는 것이다. 이것이야말로 인간과 인류를 구원할 수 있는 것이다. 작가는 신사와 대척점에 있는 상징적 인물로서 두 아브루초 산악인을 보여 주고 있다. 즉 영혼을 정결히 하며 자연과 합일된 인간의 모습을 보여주고 있는 것이다.

부닌은 이 작품과 더불어 일련의 철학적 작품들을 통해 표면적으로는 당대의 자본주의와 제국주의를 비판하지만 궁극적으로 인류가 나아갈 바를 제시하고 있다. 즉 자연과 신의 섭리에 순응하며, 삶과 죽음을 성찰해야 한다는 것이다. 그 속에서 삶의 진리를 찾아가고자 하는 작가의 신념이 그의 작품 세계를 지배하고 있다.

단어

А

азарт 초조, 흥분, 열중, 도박

Б

бак 탱크, 저수조, 선수갑판
барка 거룻배, 짐배, 하천용 짐배
белок 단백질, 계란 흰자, 눈 흰자위
бескорыстный 사심 없는, 욕심 없는, 청렴한
беспутность 방탕, 경박한 것, 경솔한 것
за бесценок 헐값으로
бич 가죽 채찍, 천벌, 재난, 폭로, 비판
бой быков 투우
бормотать 중얼거리다, 웅얼거리다
борт 배, 뱃전 (на борту 배, 비행기에)
бродячий 방랑하는, 유랑하는, 떠도는
бронированный 장갑한, 철갑을 씌운
бубенец 작은 방울
бугор 작은 산, 무더기

В

вал 회전축, 롤러, 파도, 둑, 제방, 총 생산량
валять 굴리다, 뒹굴게 하다, 반죽하여 만들다, 몹시 흔들다
вахтенный 당직의, 근무 중인, (명) 당직근무자, 초병
ввергать *во что* 집어넣다, 처넣다, 가두다, 빠뜨리다
венчание 대관, 교회혼례, 결혼식
взвиваться 비상하다, 높이 날아오르다, 휘말려 오르다
взвизгивать 쇳소리를 내다, 큰 소리로 외치다
взгромоздиться *на что* 기어오르다
водвориться 거주하다, 자리잡다, 도래하다, 확립하다
возлагать *что на кого/что* 위에 놓다, 바치다, 희망/기대를 걸다
вознаградить *кого, чем, за что* 보답하다, 보상하다, 배상하다
вой 길게 끄는 소리, 시끄러운 비난, 노호, 고함소리, 울부짖음
волынка 풍적, 피리, 꾸물거림, 지체
волынщик 풍적을 부는 사람, 고의로 일을 지연시키는 사람

вонючий 악취가 나는, 고약한, 구역질 나는

вопить 외치다, 소리지르다, 울부짖다, 통곡하다

впечатлительность 민감, 예민, 신경과민

вращаться 회전하다, 돌다, 드나들다, 출입하다

вскипать 끓기 시작하다, 끓어오르다, 발끈하다, 격분하다

всполошить 발칵 뒤집다, 불안이나 혼란을 일으키다, 당황하게 하다

вспыхнуть 갑자기 타오르다, 발화하다, 밝게 비치다, 돌발하다, 발발하다, 얼굴을 붉히다

выпучиться 불룩 나오다, 눈이 휘둥그레지다

вырвать 구토하다, 잡아 빼다, 낚아 채다, 뽑아내다

вышка 망루, 탑, 성루

Г

галун 레이스, 가는 끈, 금줄, 은줄

гетры 각반

гиацинт 히야신스

гипсовый 깁스의, 석고의

глянцевитый 광택, 윤기가 나는, 반들거리는

гнутый 휜, 굽은, 구부려 만든

гоготать 꽥꽥 울다, 껄껄 웃다, 큰 소리로 웃다

гонг 징, 종, 놋쇠로 만든 악기

горчичный 겨자의, 겨자로 만든

гребень 빗, 실 잣는 기구, 좁은 밭이랑

гримаса 우거지상, 찌푸린 얼굴

гробовая плита = могильная плита 묘석

громыхать 덜커덩거리다

грохот 소음, 폭음, 굉음

груда 무더기, 퇴적

грузность 육중, 비대

Д

двуколка 이륜차

двухсветный 창이 많아 매우 밝은 (양쪽으로 혹은 두 층으로)

дёрнуть 잡아당기다, 갑자기 움직이다, 뽑다, 경련하다, 귀찮게 굴다

довод 논증, 논거, 이유

дряблый 시든, 맥빠진, 무기력한, 축 늘어진, 의지가 약한, 우유부단한

дрянной 나쁜, 쓸모없는, 시시한, 더러운, 서투른, 저열한, 보잘것없는

Е

едкий 부식성의, 자극성의, 독한, 시큼한

Ж

жалиться 하소연하다, 불평을 말하다

жерло 포구, 구멍

жестянка 양철 토막, 양철 조각

живые картины 활인화

жужжание 윙윙거리는 소리

З

заботливость 배려, 염려, 신중, 주의 깊음, 꼼꼼함

завалиться 뒤로 떨어지다, 내려앉다, 젖혀지다, 무너지다

заведённый 제정된, 준비된, 세워진 (завести의 피동형동사)

завеса 휘장, 장막

заверение *в чём* 보증, 증명, 확인

загромождать 쌓다, 쌓아 올리다

загрохотать 쿵쿵 울리기 시작하다

задирать 들어 올리다, 집어 올리다, 밀어 올

리다, 뒤로 젖히다, 쳐들다, 벗기다, 화나게 하다

задрать *кого/что* 들어 올리다, 추켜들다, 물어뜯어 죽이다

закидывать 던져서 메우다, 파묻다, 덮다, 질문이나 비난을 퍼붓다

закувыркаться 곤두박질하기 시작하다, 공중제비 돌다

закутать 싸다, 둘러싸다, 덮다, 뒤덮다

залить *что чем* 가득 채우다, 덮다, 부어 넣다, 침수시키다

заманивать 꾀다, 유혹하다, 속이다

замять 짓누르다, 짓밟다, 짓뭉개다, 얼버무리다, 어물쩍 넘기다

запонка 커프스 단추, 셔츠의 소매부리 또는 깃에 다는 단추, 버클

заступница 신과 인간의 중재자 (**заступник**의 여성 형태)

затвердение 굳어짐, 경화, 경화증

зев 입, 아가리, 구멍

зиять 쩍 벌려져 있다, 하품하다, (동물이) 아가리를 쩍 벌리다

знаменательный 의미심장한, 중요한, 의미 깊은, 독립의

знатность 유명, 저명 고상 고귀, 고귀한 신분, 귀족

зубчатый 이가 있는, 들쑥날쑥한, 톱날식의

зыбкий 흔들거리는, 요동치는, 불안정한

зычный (음향, 음성에 대하여) 큰, 저음의, 울리는

И

игра в кости 도박, 주사위 놀음, 골패

идол 우상, 숭배의 대상, (속) 바보

извозчик 마부

изгибаться 구부러지다, 굽이치다, 꺾어지다

измятый 쭈글쭈글한, 구겨진, 잠을 깬, 지친

изнеможение 소진, 극도의 피곤, 쇠약

инкогнито (부) 변명으로, 익명으로 (명) 익명, 변명, 익명의 사람

исполинский 거인의, 거대한, 큼직한

К

кадык 울대뼈, 결후, 목젖

камзол 조끼

камышовый 갈대의, 갈대로 만든

картавый 발음이 불분명한, 혀 짧은 소리를 하는

картуз 챙이 있고 굳고 높은 전이 있는 남자 모자

каучуковый 생고무의

качели (복) 그네

качка 진동, 흔들림, 동요

кивок 동의하는 고갯짓, 가벼운 인사, 수긍

киль 선저, 용골

клокотанье 물 끓는 소리, (목구멍, 가슴에서) 그르렁거리는 소리

клокотать 끓다, 들끓다, (환자의) 가슴이나 목구멍에서 그르렁 소리가 나다

кляча 늙다리 말

кол 말뚝 (복) **колья, -ьев**

колпак 원추형 모자, 고깔, 바보, 멍청이

комиссионер 중개인, 브로커, 거간군

комочек 작은 덩어리(**комок**의 지소형)

кончик 끝, 모서리, 귀퉁이

корявый (식물이) 우글쭈글한, 꼬부라진, 휘어진 (손이) 울퉁불퉁한, 거칠은

котёл 솥, 냄비, 보일러, 증기가마

крахмальный 전분의, 풀의, 풀 먹인

крутое яйцо 푹 삶은 달걀

кубарем (부) 데굴데굴, 엎치락뒤치락하면서, 구르듯이 빨리 (**кубарь** 팽이)

курчавый 오그라든, 곱슬곱슬한, 곱슬머리의

кушанье 요리, 식료품, 음식, 식사

Л

Лазурный Грот 푸른 동굴

лакированный 락커 칠을 한, 에나멜 칠을 한, 반들반들한

лангуст 대하, 용새우

легонько 가볍게, 약간, 조심조심

лепёшечка 납작하고 둥근 빵, 정제 알약, 납작하고 둥근 것, 뾰루지(**лепёшка**의 지소형)

ливень 소나기, 강우, 폭우

ловля 어장, 포획, 잡는 것, 채우는 것

лодочник 뱃사공

лорд-мэр 시장, (영국대도시의) 시장

лопатка 어깨뼈, 견갑골

лохмотья 누더기 옷

М

малиновый 산딸기로 만든, 검붉은, 유쾌한, 매우 좋은, 화려한

манжета 소맷부리, 커프스

маслянистый 기름기가 있는, 기름 범벅의

массив 덩어리, 지대

метаться 몸부림치다, 몸을 뒤치다, 산란하다, 번지다

метрдотель 지배인

милостивый 친절한, 호의적인, 관용적인, 너그러운

моросить 가랑비가 내리다, 보슬보슬 내리다

мотать *кем/чем* 젓다, 흔들다, 감다, 피로하다, 낭비하다

мулатка 물라토(백인과 흑인의 혼혈)

Н

набок (부) 옆으로, 한쪽으로, 비스듬하게

навес 처마, 지붕과 기둥만으로 된 건물(천막집, 정류장 등)

наигранный 부자연스러운, 인공적인, 가면의, 거짓의

накидка 걸치는 것, 얹는 것, 덧붙인 돈, 소매 없는 걸치개옷

нанимать 고용하다, 집을 빌리다

наперебой (부) 앞을 다투어, 서로 뒤질세라

напоследок (부) 마침내, 드디어, 결국

напрягаться 긴장되다, 잡아당겨지다, 조이다

натворить 녹이다, 용해시키다, 반죽하다

нашивка 기워 붙이는 것, 꿰매어 붙인 단, 수, 견장, 휘장

недра 땅속, 지하매장물, 속, 내부, 내장, 창자

незабудка 물망초

неистовый 횡포한, 광란적인, 격렬한, 열광에 찬

некогда 시간이 없다, (문) 과거 언젠가

нелепый 어리석은, 무의미한, 불합리한, 졸렬한, 서툰

непоправимый 시정할 수 없는, 만회할 수 없는, 고칠 수 없는, 돌이킬 수 없는

непосильный 힘겨운, 힘든, 고된

неприветливый 인사성 없는, 불친절한, 무뚝뚝한, 우울/침울한

неряшливый 불결한, 꾀죄죄한, 더러운

несметный 무수한, 셀 수 없이 많은

неукоснительность 무조건성, 절대성, 의무성

Новый Свет 신세계(아메리카 대륙을 의미)
Новый Человек 신인류
ножной 발의, 다리의

О

облезлый 털이 빠진, 칠이 벗겨진
облупить 껍질을 벗기다
облупленный 벗겨진, 떨어진
обморок 기절, 졸도, 실신
оборванец 유랑인, 방랑자, 거지, 뜨내기
обрыв 잘림, 잘린 자리, 벼랑, 낭떠러지, 절단, 단면, 불통
обширный 광대한, 광활한, 광범한, 방대한
окурок 담배꽁초
окутать *чем* 두르다, 감싸다, 입히다, 덮어쓰다, 뒤집어쓰다
омар 바다가재, 왕새우
оповещать *кого о чём* 알리다, 통지하다, 보고하다, 포고하다
опрятный 말쑥한, 단정한, 정돈된
орава 무리, 군집, 많은 사람들
осаждать 둘러싸다, 에워싸다, 포위하다, 밀어닥치다, 정착시키다, 귀찮게 따라다니다
ослик 당나귀, 바보, 멍청이
особа 귀인, 고관, 중요 인물, 몸, 신체
остриё 뾰족한 끝, 칼날, 첨단
отбыть 떠나다, 출발하다, 피하다, 임무를 다하다, 형기나 병역을 마치다
отвес 수직, 수직선, 추, 낭떠러지, 벼랑
отзываться 응답하다, 대답하다, 비평하다, 평가하다
откос 경사, 비탈
отряд 부대
отчаяние 절망, 실망, 낙담, 필사

отяжелеть 무거워지다, 뚱뚱해지다, 육중해지다

П

павлин 공작새
пальтишко 작고, 따뜻하지 않은 외투 (**пальто**의 비칭)
парта 걸상 달린 책상
пастушеский 목동의
пенсне 코안경
перегородка 칸막이, 격벽, 가림판
пиявка 거머리, 흡혈귀, 기생충
пластом (부) 넙적하게, 넙적한 면을 아래로 하고
пломба 이빨을 때우는 충전물
плоский 얕은, 납작한, 평평한, 평탄한, 진부한, 밋밋한
плуг 쟁기
погребальный 매장의, 장례식의
подагрический 통풍의, 통풍환자의
поддаваться 봐주다, 져주다
поддакивать 동의하다, 남의 말을 들으면서 동의의 뜻으로 '예,예'하다
подкрепляться 밑에서 단단히 보강하다, 뒷받침하다, 북돋아주다, 보강하다
подножие 산기슭, 받침돌, 동상의 기단
пожирать 게걸스럽게 먹다, 삼키다, 태워 없애다, 말살하다, 마음을 끌다
поить 적시다, 축이다, 마시게 하다
покладать (동사원형은 쓰이지 않는다)
  не покладая рук 부지런히, 쉬지 않고
полуобруч 머리띠
помахать 흔들다
помпон 방울장식, 군모의 깃털

памятный 기억할 만한, 기념할, 잊을 수 없는

портье 호텔의 문지기

похоть 성욕, 색욕, 음욕

почтительный 존경의, 경의의, 정중한, 공손한, 예의바른

предаться *кому/чему* 몸을 맡기다, 감정에 잠기다, 전념하다, 열중하다

преисподний 지옥의 (명)

преисподняя 지옥, 컴컴하고 무시무시한 방

престол 옥좌

привалить *кого/что к чему* 바싹 가져다 놓다, 기대여 세우다, 바싹 대다, (항) 닿다, 도착하다

прикрыть 닫다, 덮다, 숨기다

приклеенный 점착의

приподняться 약간 위로 올라가다, 약간 몸을 일으키다, 활기를 띠다, 회복하다

припудренный 분을 바른

пристань 부두, 선창, 나루터, 피난처, 은신처, 안심, 평정

проплесневеть 곰팡이가 끼다

просверлить 구멍 뚫다, 천공하다, 응시하다, 괴롭히다

пряный 맵고도 향기로운, 자극하는, 흥분시키는

пузырь 거품, 기포, 수포, 물집, 얼음주머니, 주머니, 살찐 어린애

путаница 혼란, 엉망, 무질서, 뒤죽박죽

Р

радушный 친절한, 정성스러운, 환영하는

развалить 무너뜨리다, 허물다, 망치다, 파괴하다, 파탄시키다

развлечение 오락, 위로, 심심풀이, 유희

раздражение 흥분, 격분, 분개, 초조, 자극, 통증, 화

разжимать 열다, 펴다, 풀다, 늦추다

размеренный 유창한, 율동적이고 경쾌한, 일정한 규범이나 질서에 따르는, 절도있는

разметать 청소하다, 치우다, 사방에 흩어놓다, 허물다, 쩍 벌리다, 머리칼을 흐트러뜨리다

раскалённый 작열한, 시뻘겋게 단, 불안전한, 긴장한 (раскалить 달구다, 가열하다)

раскалить 달구다, 거열하다

раскинуть (손, 발을) 좍 벌리다, 열어제끼다

распушить 깃 또는 털을 곤두세우다, 움트다, 피우다

разряжённый 곱게, 화려하게 차려 입은

разрываться 파열하다, 찢어지다, 망가지다

рассеянный 산만한, 부주의한, 분산된, 드문드문 있는, 희박한

расторопный 재빠른, 민첩한, 민활한

рвануть 힘껏 잡아채다, 급격히 방향을 바꾸다, 가로채다, 훌쩍 떠나다, 급작스레 달려가다

рваный 찢어진, 구멍 난

ресница 속눈썹

рисоваться 나타나다, ~로 보이다, 우쭐대다, 뽐내다, ~인 체하다

рослый 키가 큰, 무성한

рябь 잔물결, 파문

С

сверчок 귀뚜라미

свинцовый 납의, 납빛의, 무거운, 침울한

свисать 드리우다, 늘어지다, 축 처지다

свистун 휘파람쟁이, 건달, 허풍쟁이

седёлка 말의 안장 밑에 까는 깔개

семисвечник 메노라

сереть 회색으로 되다, 잿빛으로 되다, 광택을 잃다, 평범하게 되다

сечь (과) **сёк, секла** 자르다, 베다, 찢다, 절단하다, 물방울이 들이치다

сипеть 쉭쉭거리다, 목쉰 소리를 내다

сквозить 바람이 들어오다, 통풍이 되다

скрипуче (부) 삐걱거리며, 끽끽거리며

скрипучий 삐걱거리는, 삐걱삐걱 소리를 내는, 목소리가 새된

скроенный 재단하여 자른, 견본에 맞추어 자른

сложение 골격, 체격, 몸집, 합성, 편성, 제거, 더하기, 구성, 해임

смокинг 턱시도

смолкать 잠잠해지다, 가라앉다

смоляной 수지의, 타르의, 송진의, 진이 많은

снасть 기구, 도구, 삭구

спаржа 아스파라거스

Средиземное море 지중해

срывать 벗기다, 뜯어내다, 빼앗다, 비틀어 짜다, 좌절시키다

Старый Свет 구세계, 즉 유럽을 의미함.

стекаться 모이다, 고이다, 밀려 있다, 합류하다

стенать 신음하다, 신음하며 울다

столпиться 모여들다, 많이 모이다, 쌓이다

сторониться *кого/чего* 비키다, 물러서다, 고의로 피하다

стукаться *о что* 부딪치다, 세게 때리다

судорожный 경련의, 조급한, 불안한, 흐느끼는, 열광적인, 열기 띤

сундук 트렁크, 상자, 궤

сустав 관절, 마디, 매듭

сутулый 등이 굽은, 구부정한

сходня 잔교, 부두다리, 건축에 사용하는 발판, 사다리

Т

тазик 양동이

таки 여하간

Тиберий 티베리우스 황제

топка 아궁이, 연소장치, 화실

торчать 돌출하다, 솟다, 삐죽 나와 있다

точь-в-точь 틀림없이, 아주 정확히

тошнота 구역질, 멀미, 차멀미, 뱃멀미, 혐오, 불쾌, 메스꺼움

трико 몸에 달라붙는 속옷, 보정속옷, 체조복

трость 지팡이

трюм 선창, 배 밑의 화물창

трюмо (불변명사) 체경, 전신거울, 창문 사이의 벽

тряпка 넝마, 걸레, 헝겊, 무기력, 굼뜸, 의지가 약한 사람

тугой 단단한, 팽팽한, 딱딱한, 완고한, 둔한, 타산적인

У

удав 이무기, 구렁이, 착취자

уздечка 작은 띠, 말굴레

улетучиваться 증발하다, 휘발하다, 사라지다

умчать 싣고 가다, 몰아가다, 휩쓸어 가다

усеяться *чем* 뒤덮이다, 꽉 들어차다

утёс 절벽, 벼랑, 낭떠러지

утроба 내부, 내장, 배, 자궁

утыкать (바늘 등을) 많이 꽂다, 박다, 찌르다, 틀어막다

ухитриться 수를 써서 해내다, 꾀를 내서 해내다

ухмыляться 비죽이 웃다, 코웃음 치다

Ф

фазан 꿩, 꿩고기

фалда 연미복의 옷자락, 부인복의 주름

фальшивый 거짓의, 위조의, 날조의, 부정한, 속임수의

фланелевый 플란넬의

флирт 남녀의 노닥거림, 연애, 희롱, 놀음 삼아 하는 사랑

формальность 형식주의, 요식, 절차, 수속

фрак 연미복

фреска 벽화

фуникулёр 케이블카

Х

хилый 병약한, 허약한

хлестать *по кому/чему, во что, чем* 치다, 때리다, 철썩거리다

холщовый 아마포의, 캔버스의, 천조각의 그림의

Ц

цевница 피리

цедить 거르다, 부어 넣다, 천천히 마시다, 중얼거리다

Ч

чахлый 시들어 가는, 볼품없는, 쇠약한

челюсть 턱, 턱뼈

честь 명예, 명성, 졸업, 존경

в честь *кого/чего* ~을 위하여, ~에게 경의를 표하여, 기념하여

чепчик 머릿수건, 부인용 두건, 씌우개 (**чепец**의 지소형)

череп 두개골, 머리뼈, 땅을 덮은 얼음판

чересчур 과도하게, 지나치게, 너무나

чертог 궁전, 화려하고 웅장한 저택

чрево 배(腹), 안, 속, 내부

Ш

шалеть 제정신을 잃다, 어쩔 줄 모르다, 멍해지다

шаффлборд 셔플보드. 큐를 이용하여 원반을 옮겨 득점을 겨루는 경기. 19세기 경 대서양을 횡단하는 호화여객선에서 선객들이 즐겼던 것으로 알려져 있다.

шесток 횃대

шлёпать 철썩철썩 치다, 때리다, 던지다, 철썩철썩 소리를 내다, 걸어가다, 거닐다

шлёпнуться 철썩 넘어지다, 부딪치다, 곤두박질치다, 돌아다니다

штопать 떠서 깁다

шуршать 바스락거리다

Я

явственно 뚜렷이, 명료하게, 똑똑하게

языческий 이교의

옮긴이 김선명

러시아 문학 박사(고려대학교)
러시아 교육문화센터 뿌쉬낀하우스 원장
러시아 정부로부터 뿌쉬낀 메달 수상

ГОСПОДИН ИЗ САН-ФРАНЦИСКО
샌프란시스코에서 온 신사

초판 인쇄 2017년 03월 07일
초판 발행 2017년 03월 14일

지은이 이반 부닌
옮긴이 김선명

펴낸이 김선명
펴낸곳 뿌쉬낀하우스
편집 김영실, Evgeny Shtefan
디자인 박은비
주소 서울시 중구 동호로 15길 8, 리오베빌딩 3층
전화 02)2237-9387
팩스 02)2238-9388
이메일 pushkinbook@naver.com
홈페이지 www.pushkinhouse.co.kr
출판등록 2004년 3월 1일 제 2004-0004호

ISBN 978-89-92272-97-1 14790
　　　978-89-92272-61-2 (세트)

© 김선명
© Pushkin House, 2017

이 책의 저작권은 뿌쉬낀하우스에 있습니다.
저작권법에 의해 한국 내에서 보호를 받는 저작물이므로 무단 전재와 무단 복제를 금합니다.